발효 맛 김치 담그기

박숙주 · 박지형 공저

PREFACE [머리말]

우리의 밥상에 항상 올려지는 김치. 어느 집에서나 김치 한 두 가지는 필수 메뉴입니다. 배추김치, 열무김치, 동치미, 겉절이… 이름만큼 손맛도 달라 김치 맛을 보면 그 집 주부의 음씩 솜씨를 가늠할 수 있습니다. 그만큼 예전에는 겨울맞이 김장이 주부들의 가장 큰 행사의 하나였지만 지금은 김치를 직접 담가 먹는 가정이 점차 줄어들고 있습니다. 재료를 고르고, 다듬고, 절이고, 씻고, 양념을 준비해서 버무리는 과정들이 번거로워 김치를 담그기보다는 사먹는 주부들이 늘고 있습니다.

이 책에서는 가정에서 김치를 좀더 손쉽게 담글 수 있도록 재료를 다듬고 양념을 준비하는 과정부터 차근차근 풀어놓았으며, 김치를 먹음으로써 우리 몸에 어떤 좋은 점이 있는지 설명하였습니다. 중국에서 김치가 역수입되고 일본의 기무치가 우리의 김치를 대신하여 세계적으로 알려지고 있는 데 대해 김치 종주국으로서의 자존심을 지킬 수 있는 길과 우리의 건강을 지킬 수 있는 길은, 어렵고 번거롭더라도 팔을 걷고 각 가정에서 직접 김치를 담가 먹는 것이라고 생각합니다.

처음 시작이 어렵게 느껴지겠지만, 김치는 저장 식품으로 오래도록 두고 먹을 수 있기 때문에 그날그날 해 먹는 반찬보다 오히려 편리하며 실용적이라고 할 수 있습니다. 저장 과정 중에 생성되는 유산균은 발효유의 4배에 해당하는 양을 가지고 있으므로 우리의 장을 깨끗하게 해 주고 각종 질병을 예방해 줍니다. 또한, 김치는 그 종류가 다양한 만큼 각 재료에 포함된 비타민, 섬유질, 칼슘, 철분 등의 영양소가 풍부한 영양 식품입니다.

이렇듯 여러 가지로 우리 몸에 이로운 김치를 내 손으로 만들어 보고 사랑하는 가족들에게도 직접 담근 김치를 먹일 수 있도록 이 책이 길잡이가 되었으면 하는 바람입니다.

이 책이 나올 수 있도록 도와주신 예신 편집부 직원들과 격려해 주신 여러분께 진심으로 감사드립니다.

저자 씀

차 례

Ⅰ. 온가족이 즐기는 **사계절 김치**

통배추김치
25

총각김치
27

오이소박이
29

동치미
31

깍두기
33

보쌈김치
35

백김치
37

순무김치
39

열무김치
41

얼갈이배추김치
43

나박김치
45

열무오이물김치
47

Contents

Ⅱ. 독특한 맛과 향기의 **별미김치**

파김치
55

해물섞박지
57

고들빼기김치
59

풋고추물김치
61

돌산갓김치
63

부추김치
65

호박김치
67

양배추김치
69

- 김치의 어원 · 8
- 김치의 성능과 영양 · 10
- 김치에 사용되는 재료 손질하기 · 12
- 김치에 사용되는 재료 썰기 · 14
- 찹쌀풀 쑤기 · 16
- 각 지방의 대표김치 · 17
- 통배추 절이기 · 22
- 김치 담글 때 사용되는 주재료 · 48

장김치
71

고춧잎김치
73

깻잎김치 · 콩잎김치
75

5

Ⅲ. 신세대를 위한 간편하고 독특한 **즉석김치**

배추겉절이
83

오이피클
85

참나물겉절이
87

중국식 오이김치
89

영양부추겉절이
91

상추겉절이
93

돌나물·달래나물겉절이
95

삼색 무초절임
97

연근·생강초절임
99

Contents

Ⅳ. 몸에 좋은 재료로 만든 특별한 **건강김치**

오미자물김치
109

매실무말이김치
111

연근김치
113

양파김치
115

우엉김치
117

통도라지 · 수삼김치
119

취나물김치
121

- 김치 담글 때 사용되는 부재료 · 76
- 김치 담글 때 필요한 양념 · 100
- 김치 담글 때 필요한 젓갈 · 103
- 김치에 대한 궁금증 몇 가지… Q&A · 122
- 김치를 이용하여 만들 수 있는 다양한 별미요리 · 125
  김치굴영양밥 | 김치그라탕 | 김치말이국수 | 김치볶음밥
  김치부침개 | 김치순대 | 김치스파게티 | 김치전골 | 김치콩나물국
  김치크로켓 | 동치미말이국수 | 참치김치찌개
- 찾아보기 · 131

김치의 어원

채소를 소금물에 담갔다는 뜻의 침채(沈菜)가 딤채 등으로 발음되어 오다가 구개음화로 인해 김채에서 김치로 변화되었다고 한다. 3,000여 년 전부터 저(菹)라는 이름으로 만들어져 왔으며 무, 순무 등을 소금에 절여 저장해 두었다가 먹었던 것이 김치의 기원이라고 할 수 있다. 지금의 동치미나 짠지, 장아찌의 형태가 김치의 처음 모습이었을 것이다.

한국의 김치에서 빠질 수 없는 양념인 고춧가루는 임진왜란 이후에 우리나라에 들어왔으며 그 전에는 채소절임, 백김치의 형태로 김치가 담가졌을 것으로 추측된다. 삼국시대 이전의 문헌에는 저(菹)에 관한 기록을 발견할 수 없지만 우리 민족이 예로부터 소금을 생산해 낸 점과 함께 젓갈, 장 등 발효식품이 만들어진 시기를 생각해 보면 삼국시대 이전부터 김치를 만들어 먹었다고 할 수 있다. 이 때의 김치는 채소를 소금으로만 절이거나 간장, 식초, 술지게미 등에 절인 형태 등으로 존재했다. 바로 오늘날의 장아찌와 비슷한 절임법이라고 할 수 있으며, 발효 기술이 바탕이 된 훌륭한 저장식품으로 존재했었다.

고려시대에 와서는 김치에 사용되는 채소가 좀더 다양해졌으며 단순히 소금에 절이는 형태에서 벗어나 파, 마늘과 같은 향신료가 김치의 양념으로 등장하기도 하였다. 이 때 김치의 우리말 표기인 침채(沈菜)라는 한자가 나타났으며 부추, 순무, 미나리, 죽순 등 다양한 채소를 사용하여 김치를 만들어 먹었다고 기록되어 있다.

조선시대에 와서 비로소 고추가 보급되면서 양념이 좀더 다양해졌으나 김치의 양념으로 고춧가루가 쓰이기 시작한 것은 그보다 더욱 시간이 지난 후이다. 고춧가루를 사용하면서 젓갈을 같이 사용하여 김치에 감칠맛과 함께 영양에도 균형을 이룬 모습을 갖춰나가게 되었다. 조선시대

Kimchi in Korea

말에는 배추김치의 주재료인 결구배추가 재배되면서 현재의 김치 모습을 갖추기 시작했다.

현대는 서양 채소의 보급과 계절에 관계없이 재료를 쉽게 구할 수 있어 김치의 종류가 다양해졌으며 사계절 어느 때나 김치를 만들어 먹을 수 있게 되었다. 또한 세계 어느 나라에도 없는 김치냉장고가 개발, 보급되어 김치를 과학적인 방법으로 오랫동안 보관하여 신선하고 편리하게 먹을 수 있게 되었다.

과거에 비타민과 무기질, 섬유질 등을 보충해 줄 수 있는 훌륭한 식품인 채소를 겨울철에는 구할 수 없었기에 이처럼 소금에 절여 겨우내 저장해 두고 먹을 수 있도록 하였고, 이것이 현재의 김치 모습을 갖추기에 이르렀으며 한국을 대표하는 음식으로 자리매김할 수 있었다.

김치의 성능과 영양

김치는 우리나라의 대표적인 채소를 이용한 가공식품으로 쌀 위주인 우리의 식생활에서 가장 중요한 부식으로 사용되어 왔을 뿐만 아니라 우리의 기호에 오랜 시간 동안 익숙해진 마늘, 고추, 생강 등 각종 조미 향신료들과 식염을 사용하여 발효·숙성시킨 전통 발효식품이다.

예로부터 김치는 겨울철에 구하기 힘든 채소를 소금에 절여 두었다가 겨우내 먹음으로써 부족하기 쉬운 비타민과 무기질을 보충할 수 있는 귀하고도 지혜로운 저장식품이었다.

늘 식탁에 습관처럼 오르는 김치를 왜 먹어야 하는지, 김치가 우리 몸에 어떻게 좋은지에 대하여 알아보자.

1 다양한 영양의 공급원이다

김치는 영양적인 면에서도 매우 우수한 식품이다. 동물성 재료인 젓갈은 아미노산을 공급해 주는데 이는 김치가 익으면서 새우젓, 멸치젓, 황석어젓 등에 함유된 단백질이 아미노산으로 분해되기 때문이며 밥에서 부족한 단백질을 보완해 준다.

또한 김치를 담그는 주재료를 비롯하여 양념에 사용되는 재료들에는 비타민은 물론이며 칼슘, 구리, 인, 철분, 나트륨 등의 무기질이 함유되어 우리 몸의 대사과정에 여러 가지 조절물질로 사용된다.

특히 김치에서 빼놓을 수 없는 양념인 마늘의 알리신(allicin)이라고 하는 성분은 밥을 주식으로 하는 사람들에게는 중요한 열량원인 탄수화물이 에너지로 전환될 수 있도록 도와주는 비타민 B_1(thiamin)의 흡수를 도와주는 역할을 한다.

2 항균작용과 정장작용을 한다

김치가 익어감에 따라 새콤한 맛을 내는 젖산균은 맛이 좋을 뿐 아니라 장 속의 다른 균을 억제하여 이상 발효를 막을 수 있고, 병원균을 억제하여 장을 깨끗하게 하는 정장작용을 한다.

3 특유의 맛과 색깔로 식욕을 증진시킨다

잘 익은 김치는 유기산, 알코올, 에스테르를 생산하는 유기산 발효식품으로 식욕을 증진시키며 소화액의 분비를 촉진하여 소화를 돕는다.

4 산 중독증을 예방해 준다

김치는 육류나 산성식품을 과잉 섭취할 경우 혈액의 산성화로 발생되는 산 중독증을 예방해 주는 좋은 알칼리성 식품이다.

5 변비를 예방한다

배추, 무 등의 채소에는 동물성 식단으로 인해 부족하기 쉬운 식이섬유질이 다량 함유되어 있어 변비에 효과적이므로 대장암 등의 발생을 예방할 수 있다.

6 면역기능을 강화해 준다

김치의 붉은색과 매운맛을 내는 데 필수적인 재료로 사용되는 고추에는 캡사이신이라고 하는 매운맛 성분이 들어 있는데 이는 인체의 면역기능을 강화해 주는 효과가 있어 질병의 예방에 도움이 된다.

7 성인병 예방에도 도움을 준다

김치에 사용되는 여러 가지 재료에는 항산화 성분이 풍부하여 노화를 억제해 주고, 암 예방에도 효과가 있으며 콜레스테롤의 농도도 낮춰 주므로 여러 성인병의 예방, 치료에 도움을 준다.

김치에 사용되는 재료 손질하기

파 다듬기

① 뿌리 자르기
겉흙을 털어내고 칼로 뿌리를 자른다. 뿌리는 깨끗이 씻어 동치미에 사용하면 국물이 시원해진다.

② 겉껍질 벗기기
겉껍질을 한 켜 벗긴 다음 누런 잎을 손으로 딴다.

총각무 다듬기

① 잔털 제거하기
무에 나 있는 잔털과 잔뿌리를 잘라내고 칼로 껍질 부분을 살살 긁는다.

② 무와 무청 사이 칼로 도려내기
무와 무청 사이의 경계면에 있는 검은 부분을 도려낸다.

미나리 다듬기

① 마디 끝 따기
미나리의 끝부분과 마디마다 있는 잔뿌리를 손으로 딴다.

② 잎 따기
손으로 잎을 떼어내고 깨끗이 손질한 줄기만 사용한다.

마른 고추 다듬기

① 행주로 닦기
마른 고추의 겉면은 물로 씻지 않고 마른 행주로 먼지를 닦아낸다.

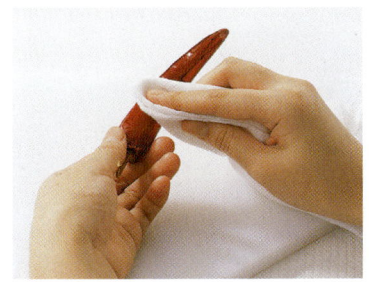

② 씨 털어내기
가위로 꼭지를 잘라내고 거꾸로 뒤집어 톡톡 털어 씨를 제거한다.

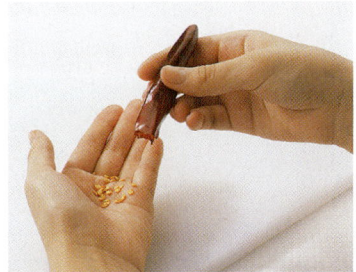

오이 다듬기

① 소금으로 문질러 씻기
입자가 굵은 소금을 한 주먹 쥐고 오이 껍질에 대고 문질러서 닦는다.

② 가시 제거하기
오톨도톨한 가시돌기를 칼로 가볍게 훑어주는 느낌으로 도려낸다.

김치에 사용되는 재료 썰기

채썰기

① 납작하게 썰기
먼저 5cm 정도로 토막을 낸 후 0.5cm 정도의 두께로 납작하게 썬다.

② 모아놓고 채썰기
얄팍하게 저며 썬 것을 모아 가지런히 놓고 재료 위에 손을 동그스름하게 얹어 손끝으로 재료를 살짝 눌러가면서 고른 두께로 채썬다.

나박썰기

① 모양대로 썰기
마늘이나 생강처럼 크기가 작고 모양이 둥그스름한 재료는 모양을 살려 그대로 납작하게 썬다.

② 나박썰기
무나 당근처럼 큰 재료는 용도에 맞게 네모지게 썰어놓고 0.3cm 정도의 두께로 납작하게 써는데 이렇게 써는 방법을 나박썰기라고 한다.

다지기

① 가늘게 채썰기
마늘, 생강 등 양념을 다질 때 먼저 얇게 저민 후, 가지런히 모아놓고 가늘게 채를 썬다.

② 모아놓고 다지기
채썬 마늘이나 생강을 다시 가지런히 모아 반대방향으로 잘게 썰면 곱게 다져진다. 칼 뒷면으로 빻아주는 것보다 마늘의 향이 그대로 살아있고 색도 잘 변하지 않으며 음식이 깔끔하다.

 김치 담그기 포인트
커터기를 사용하면 편리하다.

어슷썰기

① 비스듬히 썰기
대파나 고추 등 둥근 원통모양의 긴 채소를 모양을 살려 썰 때 사용되는 방법이며 일정한 각도로 비스듬히 썰어 준다.

깍둑썰기

① 통으로 썰기
무를 적당한 길이로 잘라 2.5cm 정도 두께로 납작하게 썬다.

② 깍둑썰기
썰어놓은 무를 가지런히 모아놓고 2.5cm 두께로 여섯 면의 크기가 같은 정육면체의 네모난 모양으로 썬다.

찹쌀풀 쑤기

① 찹쌀가루에 2배 분량의 물을 섞어 잘 풀어 놓는다.

② 냄비에 물을 넣어 팔팔 끓인다.

③ 물이 끓어오르면 풀어놓은 찹쌀물을 넣는다.

④ 냄비 바닥이 눋지 않도록 나무주걱으로 저어가며 끓인다.

⑤ 보글보글 끓으면 나무주걱으로 찹쌀풀을 흘려보아 걸쭉해지면 불을 끄고 차갑게 식혀 사용한다.

각 지방의 대표김치

김치는 각 지방에 따라 사용하는 재료와 맛이 각각 다른데, 이는 지역에 따라 재배되는 재료가 다르고 기온에 따라서도 양념의 비율을 달리하기 때문이다. 북쪽 지방은 기온이 낮으므로 소금간을 싱겁게 하여 채소의 신선함을 그대로 살리는 반면, 남쪽 지방은 기온이 높아서 짜게 하지 않으면 김치 맛이 빨리 변해 오래 저장할 수 없게 되므로 아래 지방으로 내려갈수록 김치의 간이 짜게 된다. 소금만으로 짜게 하면 맛이 없으므로 젓국을 많이 쓰며 고기 국물을 섞기도 한다. 젓국을 많이 쓸 때는 마늘, 생강, 고춧가루 등을 많이 넣어 젓국 냄새를 없애는데 이들 재료는 김치가 젓국에 지나치게 삭는 것을 막아 준다.

오랜 세월을 거치며 토속 김치로 자리잡은 각 지역의 개성 강한 김치 맛의 특징을 알아보자.

서울·경기도

남쪽과 북쪽의 맛이 적절히 균형을 이루어 남쪽보다는 강하지 않은 양념에 북쪽처럼 국물을 내서 시원하게 담근다. 맛이 깔끔하며 짜지도 않고 싱겁지도 않은 다양한 김치의 종류가 있다. 새우젓, 조기젓, 황석어젓 등 비린내가 적고 담백한 맛의 젓갈을 주로 사용한다. 대표적인 김치로는 섞박지, 보쌈김치, 총각김치, 비늘김치, 깍두기, 장김치, 순무밴댕이김치 등이 있다.

충청도

간도 알맞고 서울·경기지방에 비해 소박하며 담백하고 구수한 것이 특징이다. 갓, 미나리, 대파, 삭힌 고추, 청각 등을 김치 양념으로 많이 사용한다. 김치를 짠지라고 부르며 배추를 통으로 담근다. 김장김치를 담글 때는 전부 같은 간으로 하지 않고 차이가 있게 담그는 것이 중부지방의 특색이다. 대표적인 김치로 배추짠지, 열무짠지, 총각김치, 호박김치 등이 있다.

강원도

동해에 인접해 있으므로 동태와 오징어의 싱싱한 맛이 김장김치의 맛을 더해 준다. 배추김치에 소를 넣는 것은 중부지방과 같으며 무, 배, 갓, 파, 마늘, 고추 외에 생오징어채와 말려서 잘게 썬 생태살을 새우젓국으로 버무려 간을 맞추어 김치의 소로 사용한다. 대표김치로 무·오이·북어짠지, 무청김치, 더덕김치, 창란젓깍두기, 해물김치 등이 있다.

경상도　　　　　　　　전라도　　　　　　　　제주도

남해 지방에서는 양념으로 마늘, 고추는 많이 사용하지만 생강은 잘 쓰지 않는다. 배추는 짜게 절여 물기를 눌러서 짠 다음 젓국을 많이 넣은 소를 넣고 차곡차곡 담는다. 특히 젓갈을 많이 사용하는데 멸치젓은 멸치가 잘 삭아 말간 국물이 떠오른 생젓국을 쓴다. 생갈치도 많이 넣는데 날것을 잘게 썰어 고춧가루와 소금으로 간을 해서 김치 소 버무릴 때 넣는다. 김치의 간이 짭짤하며 멸치젓과 새우젓 외에도 다양한 젓갈을 사용한다. 대표김치로는 부추김치, 우엉김치, 콩잎김치, 곰취김치 등이 있다.

양념을 많이 해서 맵고 짠 편이지만 찹쌀풀을 넣어 국물이 진하고 감칠맛이 난다. 남해와 서해를 끼고 있어 해산물과 젓갈의 종류가 많은 전라도는 조기젓, 새우젓도 쓰지만 멸치젓과 황석어젓을 주로 사용한다. 경상도 지방보다 사치스러워 통깨와 밤채 등을 고명으로 쓰고 고춧가루보다는 건고추를 젓갈에 불려 분마기에 걸쭉하게 간 고추양념을 미리 만들어 두었다가 사용한다. 배추를 푹 절였다가 사용하므로 김치에 물이 많지 않은 것이 특징이다. 대표김치로는 고들빼기김치와 갓김치가 있다.

사면이 바다이므로 수산자원이 매우 풍부한 자연 조건을 가지고 있다. 화려하거나 꾸밈이 거의 없이 김치를 비롯한 모든 음식들이 소박하고 담백한 편이다. 김치에 해물이 많이 들어 가는 것이 특징이다. 대표적인 김치로는 전복김치, 해물김치 등이 있다.

평안도

국물이 많으며 삼삼하게 간을 한다. 배추나 무에 넣는 소는 기본적인 양념 외에도 생태, 생갈치, 생조개, 생새우에 반디젓(갈치새끼젓), 조기젓, 새우젓을 조금씩 보태고 간을 맞추는데 고춧가루를 많이 넣지 않는다. 국물도 소금국을 쓰지 않고 소고기 육수에 소금간을 하여 붓는다. 국물이 맛이 들면 냉면국물로 쓰게 되므로 국물을 많이 붓는 것이 특색이다. 서해안을 끼고 있어 조기젓, 새우젓을 많이 쓰는 편이나 전라도, 경상도보다는 훨씬 적게 사용한다. 대표김치로 백김치, 무청김치, 동치미 등이 있다.

함경도

함경도는 동해안을 끼고 있기 때문에 동태와 가자미가 많이 잡히고 맛 또한 좋아 김장김치에 젓갈 대신 해물을 많이 넣는다. 생태나 생가자미를 고춧가루로 버무려서 배추 사이사이에 넣어 주면 삭으면서 감칠맛이 난다. 김치는 맵게 하지만 소금간은 짜지 않게 맞추고 김칫국을 넉넉하게 부어, 익으면 국물 맛이 톡 쏘면서도 시원하고 신맛이 나는 것이 특징이다. 참가자미에 메조로 되직하게 밥을 지어 고춧가루로 양념하여 버무려 삭힌 가자미식해는 함경도에서 특히 유명하다.

황해도

서울·경기와 비슷하나 분디, 고수 등의 특이한 향신료를 많이 써 김치의 독특한 맛을 더해 주며 분디는 호박김치에, 고수는 배추김치에 각각 넣는다. 호박김치는 충청도와 공통된 것으로 충청도식은 애호박과 분디를 쓰지 않는다. 젓갈은 새우젓, 조기젓을 많이 쓰고 간은 중간 정도이며 국물도 알맞게 넣는다. 특히 미세하게 생긴 새우로 담근 젓을 감동젓이라 하는데 감동젓을 넣고 담근 섞박지는 감동젓 무김치라는 이름으로 유명하다. 대표김치로 배추김치, 냉이김치, 닭김치, 섞박지가 있다.

Kimchi

Section 1

온가족이 즐기는
사계절 김치

통배추김치 | 총각김치 | 오이소박이 | 동치미 | 깍두기
보쌈김치 | 백김치 | 순무김치 | 열무김치
얼갈이배추김치 | 나박김치 | 열무오이물김치

통배추 절이기

① 겉잎 따기
벌레가 먹어 지저분하거나 억세고 누렇게 색이 바랜 겉잎을 손으로 따낸다.

② 뿌리 쪽으로 칼집 넣기
배추를 세워놓고 뿌리 쪽에 약 10cm (배추 길이의 1/3) 정도의 깊이로 칼집을 넣는다.

③ 손으로 반 가르기
칼로 끝까지 자르면 배추 속잎이 부서지므로 양손으로 칼집 넣은 부분을 살살 벌려 주듯이 쪼갠다. 배추쪽이 너무 크면 4등분한다.

④ 소금물 만들기
간수를 뺀 천일염을 분량의 물에 넣고 녹여 소금물을 만든다(배추 3~4 포기에 물 : 3L, 소금 : 종이컵 2개).

⑤ 배추를 소금물에 적시기
소금물에 배추를 푹 담가 전체적으로 한번 적신 뒤, 배추의 속 부분이 위를 향하도록 놓는다.

6 줄기 사이사이에 소금 뿌리기
나머지 소금을 배추의 두꺼운 줄기 사이사이에 골고루 뿌린 다음, 속 부분이 위로 오도록 하여 차곡차곡 포개 놓는다.

7 중간에 뒤집어 주기
4~5시간 지나서 반 정도 절여지면 배추가 골고루 잘 절여지도록 포개 놓은 배추의 위치를 서로 바꿔 주어 다시 완전히 절여질 때까지 둔다.

8 물에 씻기
배추가 알맞게 절여지면(손으로 눌렀을 때 배추가 휘어질 정도) 배추의 뿌리부분을 잡고 찬물에 넣고 흔들어 가며 3~4번 정도 헹구어 준다.

9 소쿠리에 엎어놓고 물기 빼기
소쿠리에 배추의 속 부분이 밑으로 향하도록 엎어놓고 그 위로 배추를 차곡차곡 쌓아올려 1시간 이상 물기를 뺀다.

10 뿌리 자르기
물기가 잘 빠지면 배추 쪽마다 두툼한 뿌리를 칼로 도려낸다. 이때 너무 많이 도려내면 배춧잎이 하나씩 떨어지므로 조금만 자른다.

통배추김치의 효능

한국의 대표적 김치인 통배추김치는 유산균에 의해 발효된 식품이기 때문에 우리의 장을 매우 튼튼하게 해 준다. 유산균은 바로 버무려 먹는 겉절이에는 없으며 담근 후 적당한 시일이 지나 발효된 김치에 매우 많이 함유되어 있다. 익은 김치가 신맛이 나는 이유는 바로 유산균 때문인데 이는 요구르트의 4배 정도가 들어 있으며 장의 활동을 원활히 해 주고 정장작용과 함께 다른 유해균의 번식을 억제해 주는 역할을 한다.

유산균으로 장의 활동을 원활하게 도와주는
통배추김치

 재료

절이기 : 통배추 2포기(4kg 정도), 소금물(굵은 소금 2컵, 물 10컵)
무 1개, 쪽파 10줄기, 미나리 20줄기, 갓 10줄기, 고춧가루 1컵, 마른 고추 10개, 마늘 2통, 생강 1쪽, 멸치액젓 1/2컵, 새우젓 2큰술, 소금 1큰술, 설탕 2큰술, 찹쌀풀(찹쌀가루 2/3컵, 물 2컵)

 **만드는 법**

01 배추는 겉의 상한 잎을 따내고 뿌리를 잘라낸 후 뿌리 쪽에서 1/2 정도 칼집을 넣고 나머지를 두 손으로 쥐고 쪼갠다.

02 01의 배추를 소금물에 흠뻑 적셔 켜켜이 소금을 뿌리고 10시간 정도 절인다. 도중에 배추를 뒤집어 골고루 절여지도록 한다.

03 배추가 충분히 절여지면 흐르는 물에 여러 번 헹군 다음 체에 차곡차곡 뒤집어 놓고 물기를 뺀다.

04 무는 채썰고 쪽파, 미나리, 갓은 4~5cm 길이로 썬다.

05 마른 고추는 꼭지를 따서 씨를 털어낸 후 1cm 정도 크기로 잘라 놓는다. 여기에 분량의 멸치액젓을 넣어 믹서에 갈아둔다.

06 찹쌀풀은 미리 쑤어서 식혀두고, 마늘과 생강은 다져서 준비한다.

07 채썬 무에 분량의 고춧가루를 넣어 붉은색이 들도록 잘 버무린다. 여기에 갈아놓은 마른 고추양념과 마늘, 생강, 찹쌀풀을 넣어 잘 버무린 후 쪽파, 미나리, 갓을 넣고 소금, 설탕으로 간을 하여 김치 소를 만든다.

08 배춧잎 속에 양념한 소를 켜켜이 넣은 다음, 겉잎으로 감싸서 김치 소가 빠지지 않도록 모양을 잡아 김치통에 꼭꼭 눌러 담는다.

총각김치의 효능

옛날 총각의 댕기머리 모양과 같다고 해서 이름이 붙은 총각김치는 무청을 같이 먹기 때문에 무의 영양과 함께 무청에 함유된 많은 양의 비타민 C와 섬유질, 칼슘, 철분과 같은 무기질을 섭취할 수 있으므로 더욱 효과적인 영양 섭취를 할 수 있다. 무청이 파랗고 길이가 적당하며 무에 심이 없는 것으로 골라야 김치가 연하고 맛 좋다.

많은 양의 비타민 C를 섭취할 수 있는
총각김치

재료
절이기 : 총각무 2단, 소금물(굵은 소금 1컵, 물 5컵)
쪽파 1/4단, 새우젓 2큰술, 멸치액젓 1/2컵, 고춧가루 1컵, 찹쌀풀(찹쌀가루 2/3컵, 물 2컵), 마늘 2통, 생강 1쪽, 설탕 1큰술, 소금 약간

 만드는 법

01 총각무는 누렇고 억센 잎을 떼어내고 무 겉의 잔털도 제거한다.
02 무청과 무가 붙어 있는 쪽의 검은 부분은 칼로 도려낸다. 무의 겉껍질은 대충만 긁어내고 완전히 벗기지는 않는다.
03 무가 크면 세로로 반을 가르고, 작으면 통째로 김치를 담는다.
04 넓은 그릇에 소금물을 붓고 다듬은 총각무를 넣은 후 웃소금을 살짝 뿌려 2시간 정도 절인 다음 체에 밭쳐 물기를 뺀다.
05 쪽파는 깨끗이 다듬어 총각무 절이는 한쪽 옆에 같이 넣어 살짝 절인 후 건져낸다.
06 찹쌀풀에 고춧가루를 풀어놓고 여기에 멸치액젓, 다진 새우젓, 다진 마늘, 다진 생강을 넣고 잘 버무려 양념을 만든다.
07 총각무에 준비한 양념을 붓고 고루 버무린 다음 절여놓은 쪽파를 마저 넣고 버무린다.
08 설탕과 소금으로 나머지 간을 한 다음 총각무와 쪽파를 한번 먹을 양 만큼 잡아 무청으로 감아 묶어서 항아리나 김치통 속에 차곡차곡 눌러 담는다.

오이소박이의 효능

오이 속에 부추를 넣어 속을 채운 오이소박이는 특히 여름철에 입맛을 잃기 쉬울 때 입맛을 되찾아 줄 수 있는 맛깔스러운 김치로, 담는 방법도 비교적 간단하고 쉽다. 오이 속에는 비타민과 함께 칼륨(K)이 많이 함유되어 있는데 이는 몸 속 노폐물을 체외로 배출시켜 주는 역할을 하므로 혈액이 맑게 된다. 김치와 더불어 짠 음식을 많이 먹는 우리나라 사람들에게 나트륨의 체내 함량을 낮춰줄 수 있는 좋은 채소이다.

여름철 입맛을 되찾아 주는
오이소박이

 절이기 : 조선오이 10개, 소금물(굵은 소금 1/2컵, 물 10컵)
부추 1/2단, 고춧가루 1/2컵, 멸치액젓 1/3컵, 마늘 1통, 생강 1쪽, 설탕 1큰술, 소금 약간

 ### 만드는 법

01 조선오이는 색이 선명하고 가시가 많고 모양이 곧은 것으로 골라 소금으로 비벼 깨끗이 씻는다.

02 오이의 길이에 따라 2~3등분하여 7cm 정도의 길이가 되도록 썬 다음, 양끝 1cm가 남도록 하여 모두 네 군데 세로로 구멍이 생기도록 칼집을 넣는다.

03 그릇에 소금물을 붓고 칼집 낸 오이를 넣은 다음 떠오르지 않도록 하여 1시간 정도 절인다.

04 절여진 오이는 물에 헹구고 체에 받친 다음, 약간 무게가 있는 것으로 눌러 물기가 빠지도록 한다.

05 멸치액젓에 분량의 고춧가루를 넣어 미리 불려놓는다.

06 부추는 1cm 길이로 썬 다음 여기에 불린 고춧가루, 마늘, 생강 다진 것을 넣어 버무리고 소금, 설탕으로 간을 한다.

07 오이의 양 끝부분을 살짝 눌러 속이 벌어지게 한 다음 여기에 부추로 버무린 양념한 소를 꼭꼭 채워 넣는다.

08 오이의 겉 부분을 나머지 양념으로 버무려 맛이 배도록 한 다음, 통에 차곡차곡 채워 넣은 후 실온에 하루 정도 두었다가 냉장고에 넣어 보관한다.

🌱 동치미의 효능

한겨울밤 따뜻한 방안에서 살얼음이 살짝 얼어 있는 동치미 국물에 국수를 말아 먹거나, 찐 고구마를 먹으며 목이 멜 때 동치미 국물을 한 모금 마시면 가슴 속이 시원해지는 것을 느껴 보았을 것이다. 동치미용 무는 일반 무에 비해 크기가 작으며 모양이 매끈하면서도 둥글다. 국물에서 톡 쏘는 사이다와 같은 맛이 나는 것은 저장하는 동안 유산균과 탄산가스가 많이 생성되었기 때문인데, 특히 무에는 디아스타아제(diastase)라고 하는 전분 분해효소가 함유되어 있으므로 식사 후 소화를 촉진시키는 효과를 준다.

한겨울에 맛볼 수 있는 시원한 국물의
동치미

재료

절이기 : 동치미용 무 10개, 굵은 소금 2컵
동치미 국물용 물 40컵, 굵은 소금 1.5컵, 배 1개, 마늘 2통, 생강 1쪽, 쪽파 1/4단, 갓 1/4단, 삭힌 고추 20개, 대파뿌리 10개 분량, 청각 50g, 양파뿌리 5개 분량

 **만드는 법**

01 무는 무청과 잔털을 제거한 다음 깨끗이 씻어 물기를 말린다.
02 씻어놓은 무는 소금에 굴린 다음 항아리에 차곡차곡 담아 약 10일 동안 그대로 두어 절인다.
03 쪽파는 다듬어 절이고, 갓도 쪽파와 같이 소금물에 절인다.
04 대파와 양파는 뿌리 부분을 깨끗이 씻어 흙을 제거한다.
05 베주머니에 편으로 썬 마늘, 생강을 넣고 배, 청각, 대파와 양파뿌리를 넣어 입구를 묶어 2~3개의 양념 주머니를 만든다.
06 무가 절여지면 꺼내어 물로 소금기를 씻어낸 다음 물기를 말려 다시 항아리에 넣고 사이사이에 양념 주머니를 넣는다.
07 김치 국물용 굵은 소금은 분량의 물에 잘 풀어 녹인 후 하룻밤 정도 그대로 두어 불순물을 가라앉히고 윗물만 가만히 따라 팔팔 끓여 차게 식힌다.
08 차게 식힌 소금물을 항아리 속에 부은 다음 삭힌 고추와 절인 쪽파, 갓을 넣는다.
09 재료가 떠오르지 않도록 윗면을 무거운 돌로 눌러 놓고 뚜껑을 덮어 서늘한 곳에서 서서히 익힌다.

2

5

8

8

5

깍두기의 효능

우리나라 음식 중에 설렁탕과는 뗄 수 없는 사이인 깍두기는 바로 버무렸을 때보다는 약간 신맛이 느껴질 정도로 잘 익었을 때가 더욱 맛있다. 깍뚜기는 김치를 만들기에 가장 간단한 재료와 조리과정으로 만들 수 있으며 그에 비해 영양이 매우 많이 함유되어 있다. 특히 밥을 주식으로 하는 한국사람에게는 무에 함유된 디아스타아제(diastase)가 밥의 주성분인 전분을 당화시켜 주는 역할을 하므로 소화를 도와주며 무 자체에는 비타민 A, B, C가 다량 함유되어 있다.

설렁탕과 찰떡궁합인
깍두기

재료

절이기 : 무 2개(3kg 정도), 굵은 소금 1/2컵
갓 1/4단, 쪽파 1/4단, 고춧가루 2/3컵, 마른 고추 5개, 멸치액젓 1/3컵, 새우젓 1큰술, 마늘 2통, 찹쌀풀(찹쌀가루 1/3컵, 물 1컵), 생강 1쪽, 소금 약간, 설탕 1큰술

만드는 법

01 무는 깨끗이 씻어 2~3cm의 정육면체 크기로 깍뚝썰기하고 분량의 소금에 30분 정도 살짝 절인 다음 물에 헹궈 물기를 뺀다.

02 마른 고추는 마른 행주로 깨끗이 닦은 후 꼭지를 잘라내고 씨를 털어낸 다음 둥글게 썰어 분량의 멸치액젓과 새우젓을 넣고 믹서에 갈아놓는다.

03 갓과 쪽파는 다듬어 씻은 다음 3cm 정도 길이로 썰어놓는다.

04 찹쌀풀은 묽지 않게 쑨 다음 식혀두고, 마늘과 생강은 다진다.

05 무에 분량의 고춧가루를 넣고 색이 붉게 잘 들도록 골고루 버무려 준다.

06 여기에 젓갈과 함께 갈아놓은 홍고추 양념을 넣고 찹쌀풀, 다진 마늘, 다진 생강을 넣어 버무린다.

07 마지막으로 썰어놓은 갓과 쪽파를 넣고 소금, 설탕으로 간을 하여 마무리한다.

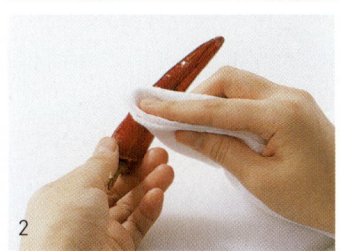

보쌈김치의 효능

해물이 많이 들어가서 오래 두고 먹기에는 좋지 않으나 옛날에는 이바지 음식으로 장만해 갔을 정도로 고급스럽고 사치스러운 김치이다. 보쌈김치에 들어 있는 여러 가지 해물들은 자칫 김치에 부족해지기 쉬운 단백질과 칼슘을 보충해 주는데, 특히 굴은 바다에서 나는 우유라고 알려질 정도로 칼슘의 함량이 높으며 간 기능 보호와 보혈작용을 한다.

단백질과 칼슘을 보충해 주는
보쌈김치

만드는 법

01 배추는 반으로 갈라 소금물에 담가 8시간 정도 절인다. 도중에 한번 뒤집어 준 후 물에 헹궈 물기를 뺀다.

02 배추 겉의 넓은 잎들은 하나씩 떼어 준비하고, 나머지 배추 속은 3cm 정도 크기의 정사각형으로 썰어놓는다. 무는 배추 속과 같은 크기로 썰어 소금에 절인 후 헹궈 물기를 빼고, 배와 밤은 무의 크기에 맞춰 썬다.

03 미나리, 갓, 쪽파는 길이 3cm 정도로 썰어 놓고, 대추는 돌려 깎아 씨를 제거하여 0.5cm 폭으로 썬다.

04 굴, 새우살은 소금물에 씻어 건져놓고, 낙지는 먹통과 내장 등을 제거하여 소금으로 주물러 씻은 다음 3cm 길이로 자른다.

05 새우젓은 곱게 다져 멸치액젓과 함께 고춧가루에 버무려 준비한 후 다진 마늘·생강을 넣어 양념을 만든 다음 썰어놓은 배추와 무에 버무린다. 여기에 준비한 해물과 미나리, 갓, 쪽파, 배, 밤을 넣어 고루 섞은 다음 부족한 간은 소금으로 맞춘다.

06 그릇에 배춧잎의 끝 부분이 그릇에 약간 걸쳐지도록 깔고 버무린 소를 넣어 8부 정도 채운 다음 대추, 석이버섯, 실고추, 잣 등의 고명을 올리고 배춧잎을 덮어 꼭꼭 눌러 오므려 준다.

07 상온에서 1~2일 정도 익힌 후 심심한 소금물을 부어 냉장고에 보관한다.

재료

절이기 : 배추 1포기, 소금물
(굵은 소금 1컵, 물 5컵)
무 1/2개, 미나리 1/6단, 갓 1/4단, 쪽파 1/4단, 배 1개, 밤 5개, 낙지 1마리, 생새우살 100g, 굴 100g, 잣 1큰술, 대추 5개, 석이버섯 2장, 마늘 1통, 실고추 약간, 생강 1쪽, 고춧가루 1/2컵, 멸치액젓 1/4컵, 새우젓 2큰술, 소금 약간

백김치의 효능

흔히 '김치' 하면 반드시 고춧가루가 들어간 매운 음식이라는 이미지가 먼저 떠오른다. 하지만 백김치는 고춧가루를 사용하지 않고 이름 그대로 하얗게 담그는 김치로 매운맛에 익숙치 않은 외국인이나 어린아이들에게 적합하다. 또한 위염, 위궤양 등을 앓아 자극적인 식사를 하지 못하는 환자들에게도 권할 수 있으며, 특히 열이 많은 임산부가 매운 음식을 즐겨 먹으면 아기가 아토피성 피부염에 시달릴 수 있으므로 맛이 순한 백김치를 권해 본다.

외국인이나 어린이에게 적합한
백김치

재료

절이기 : 배추 1포기, 소금물(굵은 소금 1컵, 물 5컵)
무 1/2개, 미나리 1/5단, 쪽파 1/4단, 밤 5개, 대추 5알, 석이버섯 2장, 배 1/2개, 홍고추 2개, 마늘 1통, 생강 1쪽, 새우젓 1큰술, 소금 약간, 육수(사태 국물)

만드는 법

01 배추는 반으로 갈라 소금물에 8시간 정도 절이고 도중에 골고루 절여지도록 한번 뒤집어 준 후, 물에 여러 번 헹궈 다시 절반으로 나눈 다음 배추뿌리를 깨끗이 다듬는다.

02 무는 5~6cm 길이로 채썰고, 배도 무와 비슷한 크기로 썬다. 미나리, 쪽파는 3~4cm 길이로 썰어 준비한다.

03 홍고추는 꼭지를 따서 배를 가르고 씨를 제거한 다음 가늘게 채썰고, 밤은 납작하게 썰고, 대추는 채썰어 준비한다.

04 석이버섯은 따뜻한 물에 불려 비벼 씻어 채썰고, 마늘과 생강도 채썰어 준비한다.

05 준비된 재료를 한데 섞고 여기에 새우젓을 다져서 국물만 꼭 짜서 넣은 후 소금으로 나머지 간을 하여 김치 소를 만든다.

06 배추 겉잎 쪽에서부터 김치 소를 골고루 채워 넣고 김치통에 차곡차곡 담는다. 1~2일 정도 상온에서 익힌 후 냉장고에 넣는다.

07 하루 또는 이틀 정도 지나면 소의 사태로 끓인 육수를 깨끗이 걸러 소금으로 국물 간을 한 후 김치가 잠길 만큼 부어준다.

순무김치의 효능

강화의 특산물로 알려진 순무는 조직이 단단하고 고소한 맛이 나며 항암물질로 알려진 인돌(indole) 성분이 함유되어 있다. 또한 일반 무에 비해 식이섬유와 비타민, 칼슘, 철분이 풍부하고, 특히 간암을 일으킬 수 있는 아플라톡신이라고 하는 곰팡이 독소를 해독하는 성분이 들어 있으며 배추 꼬리와 같은 맛이 난다.

비타민, 칼슘, 철분이 풍부한
순무김치

재료
절이기 : 순무 1단, 소금물(굵은 소금 1/2컵, 물 2컵)
마늘 1통, 생강 1쪽, 찹쌀풀(찹쌀가루 1/3컵, 물 1컵), 멸치액젓 1/3컵, 새우젓 1큰술, 고춧가루 1/3컵, 설탕 1/2큰술, 소금 약간

 만드는 법

01 순무는 중간 크기의 신선한 것으로 골라 깨끗이 씻은 후 지저분한 껍질을 살짝 벗겨 4~6등분한 다음 0.5cm의 두께로 썬다.

02 분량의 소금물에 썰어놓은 순무를 넣어 1시간 가량 절인다.

03 절여진 순무는 물에 한번 헹구고 체에 밭쳐 물기를 뺀다.

04 마늘과 생강은 곱게 다져 준비하고, 찹쌀가루는 풀을 쑤어 식혀놓는다.

05 찹쌀풀에 멸치액젓을 넣고 고춧가루를 잘 섞어 넣어 양념을 만든다.

06 순무에 05의 양념을 넣어 잘 버무리고 곱게 색이 들면 다진 마늘과 생강, 새우젓 다진 것을 넣고 설탕과 소금으로 맛을 낸다.

1

2

6

 김치 담그기 포인트
순무는 껍질의 색이 선명한 보라색일수록 좋은 품질의 것이다. 순무김치는 껍질째 김치를 담가도 좋다.

열무김치의 효능

흔히 여름김치의 대표격으로 생각되는 열무김치는 그 자체로도 입맛을 돋우지만 보리밥에 비벼 먹거나 국수나 냉면을 말아 시원하게 먹기에도 안성맞춤이다. 열무의 녹색 잎에는 체내에서 비타민 A로 전환되는 성분이 많이 함유되어 있어 피부의 노화방지, 시력보호에 매우 좋은 식품이다.

여름철 별미인 시원한
열무김치

재료
절이기 : 열무 1단, 소금물(굵은 소금 1컵, 물 3컵)
쪽파 1/4단, 마늘 1통, 생강 1쪽, 멸치액젓 1/3컵, 찹쌀풀(찹쌀가루 1/3컵, 물 1컵), 홍고추 5개, 고춧가루 1/2컵, 설탕 1큰술, 소금 약간

만드는 법

01 열무는 뿌리의 잔털을 제거하여 껍질을 긁어내고 시든 잎을 따낸다. 열무가 굵은 것은 반으로 가르고, 가는 것은 그대로 사용하여 길이를 절반 정도 잘라 분량의 소금물에 1시간 정도 절인 다음 여러 번 헹궈 물기를 뺀다.

02 쪽파는 다듬어 씻은 후 반으로 길게 잘라 준비하고, 마늘과 생강은 다져놓는다.

03 분량의 찹쌀가루와 물을 사용하여 나무주걱으로 저어가며 찹쌀풀을 쑤어 차게 식혀둔다.

04 홍고추는 꼭지를 떼서 둥글게 썬 다음 물에 씻어 씨를 털어내고 분량의 멸치액젓을 넣어 믹서에 간다.

05 갈아 놓은 홍고추에 찹쌀풀과 고춧가루를 섞고 마늘, 생강, 소금과 설탕으로 간을 하여 양념을 준비한다.

06 절여진 열무에 양념을 넣어 버무리다가 쪽파를 넣고 고루 섞은 후 통에 담는다.

얼갈이배추김치의 효능

얼갈이배추는 보통 배추에 비해 푸른 잎이 차지하는 부분이 매우 많아 엽록소의 함유량도 높다. 클로로필이라고 불리는 엽록소는 항암작용과 혈압을 낮추어 주어 우리 몸에 매우 이로운 물질로 알려져 있다. 또한 조혈작용을 통하여 빈혈의 예방, 치료에도 효과가 있으며 피를 맑고 깨끗하게 해 준다.

엽록소의 함유량이 높아 몸에 좋은
얼갈이배추김치

재료

절이기 : 얼갈이배추 2단, 소금물(굵은 소금 1/2컵, 물 3컵)
쪽파 1/4단, 마늘 2통, 생강 1쪽, 멸치액젓 1/2컵, 찹쌀풀(찹쌀가루 1/3컵, 물 1컵),
고춧가루 1컵, 설탕 1큰술, 소금 약간

 **만드는 법**

01 얼갈이배추는 잎이 떨어지지 않도록 뿌리를 조심스럽게 자르고 누런 잎을 떼서 다듬는다.

02 분량의 소금물에 얼갈이배추를 통째로 넣어 약 2시간 정도 절인다.

03 반쯤 숨이 죽을 정도로 절여진 얼갈이배추는 흐르는 물에 여러 번 헹궈 체에 밭쳐 물기를 빼놓는다.

04 쪽파는 다듬어 깨끗이 씻은 후 10cm 정도의 길이로 썰어놓는다.

05 마늘과 생강은 곱게 다지고, 찹쌀가루는 풀을 쑤어 차게 식혀놓는다.

06 그릇에 멸치액젓과 고춧가루를 넣어 고춧가루가 촉촉하게 젖으면 찹쌀풀과 쪽파, 다진 마늘, 다진 생강을 넣고 잘 섞어 양념을 만든다.

07 절여진 얼갈이배추의 물기가 빠지면 양념을 넣어 잘 버무리고 설탕과 소금을 넣어 간을 한다.

tip 김치 담그기 포인트
얼갈이배추는 통배추에 비해 매우 연해서 힘주어 버무리면 풋내가 날 수 있으므로 양념이 골고루 묻을 정도로 조심스럽게 버무리는 것이 좋다.

나박김치의 효능

무, 배추 등 재료를 나박나박 썬다고 하여 이름이 붙여진 나박김치는 재료에서 우러나온 맛이 국물에 그대로 배어나와 국물 맛이 매우 시원하면서도 여기서 추출된 채소의 수분이 소금과의 복합작용에 의해서 장을 깨끗하게 해 주는 역할을 한다. 또한 위장 안에서 펩신이라고 하는 단백질 분해효소의 분비를 촉진시키므로 고기를 먹을 때 같이 먹으면 소화에도 매우 도움이 된다.

국물 맛이 시원하고 소화기능에 좋은
나박김치

재료

절이기 : 배추 1/4포기, 무 1/4개, 소금물(굵은 소금 1/2컵, 물 1컵)
배 1개, 당근 1/2개, 미나리 1/4단, 쪽파 1/4단, 마늘 2통, 생강 1쪽, 실고추 약간, 끓여서 식힌 물 20컵, 소금 1컵, 고춧가루 1/2컵

만드는 법

01 배추는 속이 연하고 하얀 잎을 준비하여 가로, 세로 3cm 정도의 크기로 썰고, 무도 0.3cm 정도의 두께로 배추와 같은 크기로 썰어 분량의 소금물에 30분 정도 절인다.

02 당근은 꽃틀로 찍은 후, 무의 두께와 같게 썰어 소금물에 절이고, 배는 껍질과 씨를 제거하여 무와 같은 크기로 썬다.

03 미나리와 쪽파는 다듬어 씻어서 3cm의 길이로 썰어놓고, 마늘과 생강은 각각 채썬다.

04 그릇에 김치를 담기 위해 끓여 식혀놓은 물 중 3컵을 따로 담고, 면보자기에 고춧가루를 감싸 쥔 다음 물 속에 넣고 주물러 고춧물을 준비한다.

05 절여놓은 무와 배추, 당근은 물에 한번 헹궈 물기를 뺀 다음 배를 같이 넣고 04의 고춧물에 1시간 정도 담가놓아 색이 곱게 들도록 한다.

06 05에 나머지 분량의 물에 소금간을 해서 부어준 다음 쪽파와 마늘, 생강채를 넣어 맛을 낸다.

07 하루 정도 상온에서 익힌 후 미나리와 실고추를 넣고 냉장고에 보관한다.

tip **김치 담그기 포인트**
고춧가루물을 들이지 않고 김치 국물을 투명하고 깨끗하게 만들어서 사용하여도 좋으며, 더덕이나 수삼 등 향이 좋은 재료를 곁들여도 좋다.

열무오이물김치의 효능

요즘은 사철 구하기 쉽지만 그래도 여름철 가장 흔하게 볼 수 있는 채소가 바로 열무와 오이이다. 제철에 나는 음식을 먹는 것이 우리 몸에도 좋으며 더욱 신선하고 경제적이다. 오이에는 칼륨 함량이 높아 김치에 많이 함유되어 있는 소금을 체외로 배설해 주는 역할을 하며, 아삭아삭 씹히는 느낌이 입맛을 잃기 쉬운 여름철에 입맛을 돋우어 준다.

아삭아삭 여름철 입맛을 돋우는
열무오이물김치

재료

절이기 : 열무 2단, 소금물(굵은 소금 1/3컵, 물 2컵)
오이 4개, 쪽파 1/4단, 마늘 2통, 생강 1쪽, 풋고추 2개, 홍고추 2개, 물 8컵, 밀가루풀(밀가루 4큰술, 물 5큰술, 끓일 물 2컵), 소금 2큰술, 설탕 1큰술

만드는 법

01 열무는 누런 잎과 뿌리 끝부분을 다듬어 10cm 정도의 길이로 썬 다음 분량의 소금물에 30분 정도 살짝 절인 후, 풋내가 나지 않도록 살살 헹궈 물기를 뺀다.

02 냄비에 2컵의 물을 끓이고 밀가루 4큰술과 물 5큰술을 잘 섞어 끓는 물에 저어가면서 넣어 밀가루풀을 묽게 쑨 다음 차게 식혀둔다.

03 오이는 7cm의 길이로 손가락 굵기 정도로 길게 썰어 속의 씨부분을 도려 낸 후 소금 1큰술에 살짝 절인 다음, 물에 헹궈 준비한다.

04 쪽파는 7cm 길이로 썰고, 풋고추와 홍고추는 어슷하게 썰어 물에 헹궈 씨를 뺀다.

05 마늘과 생강은 편으로 썰거나 채썬다.

06 분량의 물에 밀가루풀을 풀어 넣고 소금과 설탕으로 간을 하여 약간 짭짤하게 김치 국물을 만든다.

07 김치 담을 통에 준비한 열무를 담고 오이, 쪽파, 마늘, 생강, 풋고추, 홍고추를 사이사이에 넣은 다음 김치 국물을 부어 하루 정도 상온에서 익힌 후 냉장고에 넣는다.

tip 김치 담기 포인트
열무를 절이지 않고 국물을 약간 짜게 간을 하여 그대로 부어서 물김치를 담글 수도 있다.

1

3

7

4

김치 담글 때 사용되는 주재료

배추 김치의 대명사인 포기김치를 담글 때 사용되며 김치 담그는 용도에 따라서 적당한 것으로 고르는데 보통 중간 크기(2kg 정도)가 알맞다. 배추의 겉잎은 색이 선명하고 시들지 않은 것으로, 겉잎의 바로 안쪽에는 연녹색이 나는 것이 좋다. 줄기를 눌러 보았을 때 단단한 것이 수분이 많고 싱싱한 것이다. 배추의 속잎을 하나 떼어 입 안에 넣었을 때 달고 고소한 맛이 나는 것이 좋으며, 들어 보았을 때 묵직하게 느껴지는 것을 고른다. 김치를 담글 때 이외에도 조리 시 다용도로 사용된다.

무 일반적으로 황토 흙에서 자란 것이 단맛이 난다. 두 손으로 쥐어서 씻기에 알맞은 정도의 크기가 무난하다. 단단하며 겉에 상처가 없으며 흰빛이 도는 것으로 싱싱한 무청이 그대로 달려있는 것을 고른다. 무는 크게 질감이 단단하고 단맛과 매운맛이 강한 재래종의 조선무와 길이가 길며 몸이 희고 질감이 비교적 무른 수입종인 일본무로 나뉘는데 김치를 담기에는 조선무가 적합하다.

총각무 옛날 총각의 댕기머리와 형태가 비슷하다고 하여 붙여진 이름이다. 작고 단단하며 둥글둥글하고 무청이 싱싱한 것이 좋은 무이며, 무청이 있는 곳부터 뿌리 쪽으로 약간 퍼지면서 굵어진 것이 연하고 맛있다.

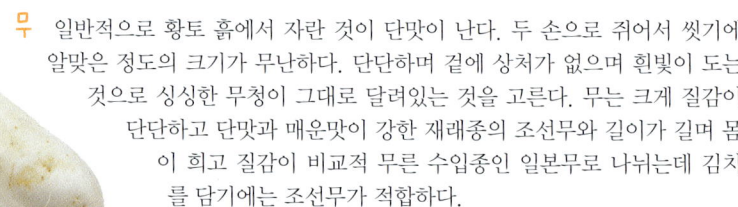

열무 잔털이 1~2mm 정도 나 있으며 진초록색이고 길이는 한뼘 반 정도 되는 것이 적당하다. 일산 열무가 가장 품질이 좋고 맛이 뛰어나다. 젓갈을 넣고 국물 없이 버무려 김치를 담그기도 하고 특유의 풋내를 제거하기 위해 풀국을 만들어 시원한 국물김치로 담그기도 한다. 특히 입맛 없는 여름철에 별미로 많이 담가 먹는다.

순무 강화의 특산품으로 육질이 단단하며 달고 인삼과 같은 향이 난다. 배추 뿌리의 맛과도 비슷하며 갓김치처럼 톡 쏘는 듯한 매운맛이 있다. 순무는 팽이처럼 둥글고 껍질이 선명한 자주색을 띠고 있으며 잔털이 많지 않고 무청이 싱싱하게 달려 있는 것으로 고른다.

얼갈이배추 보통 배추에 비해 날씬하고 크기가 작으며 푸른 잎이 많다. 얼갈이배추는 잎이 너무 크지 않고 연하며 겉잎의 색은 선명한 푸른색을 띠는 것이 좋다. 파릇파릇한 색과 상큼한 맛이 식욕을 당기며 담근 즉시 먹어도 신선한 맛 그대로 좋고, 직접 달인 젓갈을 사용하여 담가 익혀 먹어도 맛이 좋다. 질감이 연하므로 살짝만 절이고, 많이 버무리면 풋내가 나므로 주의한다.

고들빼기 쌉쌀한 맛과 향기가 일품인 고들빼기는 뿌리가 굵고 잎은 꺼칠꺼칠하며 윤기가 나는 것을 고른다. 전라도 특히 전주의 토속김치인 고들빼기김치는 인삼을 씹을 때의 맛과 같아 인삼김치라고도 하며, 보통 음력 설 이후에 별미로 먹는데 겨울 김장 때 따로 담가 놓으면 겨우내 입맛 돋우는 김치로 먹을 수 있다. 일반적으로 소금물에 일주일 정도 담가 쓴맛을 우려내고 진한 젓국 양념을 해서 오래 곰삭혀야 깊은 맛이 난다. 재배한 것은 쓴맛이 적으므로 오래 삭히지 않아도 된다.

양배추 위장을 튼튼하게 하고 만성 위, 십이지장 궤양에도 좋은 양배추는 각종 생식뿐 아니라 샐러드에도 널리 사용되는 식품이다. 일반 배추보다 질감이 단단하고 단맛이 강하여 김치용 재료로 많이 이용하지는 않으나 배추가 재배되지 않는 외국에서 생활하는 경우에는 구하기 쉬운 재료이므로 배추 대용으로 사용할 수 있다.

김치 담글 때 사용되는 주재료

갓 겨자과에 속하는 식물로 푸른색 갓과 자주색 갓이 있다. 배추김치의 속 재료로는 향이 강한 자주색 갓이 많이 이용되지만, 동치미에는 푸른색 갓을 넣어야 국물 색이 깨끗하다. 무기질과 비타민 A, C를 다량 함유하고 있으며, 고춧가루의 매운맛과는 다른 개운하면서도 강한 매운맛을 준다. 전체적으로 줄기가 길고 잎에 부드러운 윤기가 도는 것이 싱싱하다.

오이 종류에는 취청오이, 백다대기오이, 가시종오이 등이 있다. 색이 진한 취청오이는 육질이 단단해서 오이김치를 만들거나 오이볶음용으로 좋으며, 흔히 조선오이로 불리는 색이 연한 백다대기오이는 즙이 많고 육질이 연해 피클이나 무침용으로 적당하다. 오이지를 담그는 오이는 우리나라 재래종인 백다대기오이가 가장 좋다. 오이는 길쭉하고 약한 것보다는 짧고 통통하며 가시가 우툴두툴 살아 있는 것이 싱싱한 오이이다. 손질을 할 때는 굵은 소금으로 박박 문질러서 닦은 후 가시를 제거해서 사용한다.

부추 영양가가 높고 독특한 향미가 있으며 장을 튼튼하게 해서 소화작용을 돕는 채소이다. 지방에 따라 부초, 솔, 정구지라고 부르기도 한다. 부추김치를 담글 때는 씻을 때부터 가지런히 해서 버무려야 꺼내 먹기 편하며 연하기 때문에 손에 힘을 주지 않고 살살 버무려야 풋내가 나지 않고 모양이 깨끗하다. 김치의 속 재료로도 많이 이용되며 너무 연하지 않고 색이 진한 것으로 고른다.

깻잎 비타민 A와 C가 특히 많이 들어 있어서 건강에도 좋은 깻잎은 향이 좋아 많은 사람들이 즐기며 식욕을 당겨 주는 밑반찬 역할을 한다. 액젓에 양념을 하여 켜켜이 발라 김치를 담기도 하고 살짝 쪄서 부드럽게 요리하기도 한다. 향이 강하므로 냄새가 강한 요리에 향신 재료로 많이 이용된다.

호박 서리를 맞아 주황색으로 단단해진 가을호박은 잘 익을수록 단맛이 강하고 소화, 흡수, 산후 부기 제거나 빈혈 등에 좋은 식품이다. 먹을 것이 귀했던 시절에는 김장을 하고 남은 재료에 호박을 넣고 버무려 김치를 담가 겨우내 찌갯거리로 이용하였다.

돌산갓 줄기와 잎이 넓고 색이 연한 여수의 돌산갓은 한반도 남단의 따뜻한 해양성 기후와 알칼리성 사질토에서 재배되기 때문에 다른 지역의 갓에 비해 섬유질이 적어 부드럽고, 매운맛이 적으며 쉽게 시지 않는 장점이 있다. 또한 단백질 함량은 다른 채소류에 비해 높은 편이고 특히 우리의 주식인 곡류에 부족하기 쉬운 무기질, 비타민이 많은 것이 특색이다. 돌산갓김치는 톡 쏘는 매운맛이 입맛을 돋우며 살짝 절여야 양념 맛이 깊숙이 밴다.

수삼 말리지 않은 인삼을 수삼, 생삼이라고 하는데 약효가 순수하게 보존되어 있다. 수삼은 약 70%가 수분으로 오래 보관할 때는 냉장보관 또는 냉동(-2℃)보관시키거나 건조시켜 보관한다. 보통은 달여 약용으로 음용하지만 특유의 독특한 향과 쌉쌀한 맛이 식욕을 자극하므로 김치의 주재료나 부재료로도 사용된다.

Kimchi

Section 2

독특한 맛과 향기의
별미김치

파김치 | 해물섞박지 | 고들빼기김치 | 풋고추물김치
돌산갓김치 | 부추김치 | 호박김치 | 양배추김치
장김치 | 고춧잎김치 | 깻잎김치 · 콩잎김치

파김치의 효능

바로 담은 것보다는 적당히 잘 익어야 쪽파의 매운맛이 약해져 맛이 더욱 좋아진다. 쪽파에는 칼슘과 비타민이 많이 들어 있으며, 독특한 향기 성분은 소화액의 분비를 촉진시키고 항균작용과 함께 발한, 이뇨작용을 하므로 체내의 노폐물을 배출시켜 주고 혈액의 유해물질을 제거해 준다.

칼슘과 비타민이 많이 들어 있는
파김치

 재료 절이기 : 쪽파 1kg(2단), 멸치액젓 1/2컵
고춧가루 1컵, 마늘 2통, 생강 1쪽, 설탕 1큰술, 소금 약간,
찹쌀풀(찹쌀가루 1/3컵, 물 1컵), 통깨 약간

만드는 법

01 쪽파는 뿌리를 잘라내고 겉잎을 벗겨낸 다음 누런 잎을 따서 흐르는 물에 깨끗이 씻은 후 물기를 털어내고 멸치액젓을 부어 30분 정도 둔다.

02 찹쌀가루는 분량의 물과 함께 풀을 쑤어서 차갑게 식혀놓는다.

03 마늘과 생강은 다듬어서 곱게 다져놓는다.

04 손질한 쪽파를 넓은 그릇에 가지런히 담고 멸치액젓을 부어 30분 정도 절인다.

05 쪽파가 살짝 절여지면 고춧가루에 파 절인 멸치액젓 국물을 부어 고춧가루를 불린다.

06 절여진 쪽파를 넓은 그릇에 가지런히 담고 불린 고춧가루와 찹쌀풀, 마늘, 설탕, 생강, 소금을 넣어 잎이 으깨지지 않도록 조심스레 버무려 골고루 양념이 묻도록 한다.

07 마지막에 통깨를 넣어 버무리고, 한번 먹을 만큼씩 타래지어 김치통에 차곡차곡 담는다.

 tip 김치 담그기 포인트
파김치용 파를 고를 때는 푸른 잎이 많은 것보다는 흰 뿌리 부분이 긴 것이 달고 맛 좋다.

해물섞박지의 효능

해물섞박지에 들어간 전복, 새우, 낙지 등 여러 가지 해산물은 단백질, 무기질과 함께 타우린이라고 하는 성분이 풍부하다. 타우린은 간장을 보호해 주고, 시력보호의 효과가 있으며, 특히 피로회복에 탁월한 자양강장제로도 많이 이용된다. 해물이 많이 들어가 있으므로 오래 두고 먹기보다는 단시일에 먹는 것이 좋다.

해산물이 풍부하여 피로회복에 좋은
해물섞박지

 재료

절이기 : 배추 1/4단, 무 1/2개, 소금물(굵은 소금 1/2컵, 물 3컵)
낙지 1마리, 새우살 100g, 전복 2개, 굴 100g, 배 1/2개, 밤 5개, 쪽파 10뿌리, 갓 5뿌리, 홍고추 5개, 마늘 1통, 생강 1쪽, 멸치액젓 1/3컵, 새우젓 1큰술, 고춧가루 1/2컵, 설탕 1큰술, 소금 약간

만드는 법

01 배추와 무는 각각 사방 3cm, 두께 0.5cm의 크기로 썰어 분량의 소금물에 1시간 정도 절여 물에 헹군 다음 물기를 빼놓는다.

02 새우살은 이쑤시개를 사용하여 내장을 뺀 다음 소금물로 씻어놓는다. 굴도 깨끗이 씻어놓는다.

03 낙지는 내장을 제거하고 소금으로 주물러 씻어 3cm 길이로 썰어놓는다.

04 전복은 숟가락으로 껍질에서 살을 떼내고 내장을 제거하여 씻은 다음 한입 크기로 저며놓는다.

05 배와 밤은 납작하게 썰고, 쪽파와 갓은 3cm 길이로 썰어 준비한다. 홍고추는 어슷하게 썬다.

06 절여진 배추와 무에 고춧가루를 넣어 잘 버무려 색이 곱게 들면 멸치액젓, 새우젓 다진 것, 다진 마늘과 생강을 넣어 양념을 한다.

07 여기에 배, 밤, 쪽파, 갓, 홍고추를 넣어 잘 섞고 마지막으로 손질한 해물을 넣어 살살 버무린 후 소금과 설탕으로 간을 한다.

고들빼기김치의 효능

쓴맛과 독특한 향기가 입맛을 자극하는 고들빼기김치는 특유의 쓴맛 때문에 여러 날 소금물에 삭혀야 먹을 수 있으나, 재배한 고들빼기는 쓴맛이 약하므로 오래 삭히지 않아도 된다. 고들빼기의 잎과 뿌리는 고지혈증의 지질 대사를 개선시켜 주며 지방간을 효과적으로 막아 준다. 이렇듯 간장과 위장을 튼튼하게 해 주는 고들빼기는 한방에서 간과 심장을 위한 약재로도 사용된다.

간장과 위장을 튼튼하게 해 주는 쌉싸름한
고들빼기김치

재료
절이기 : 고들빼기 1kg, 소금물(굵은 소금 1/2컵, 물 5컵)
쪽파 1/2단, 멸치액젓 1/2컵, 고춧가루 1컵, 마늘 2통, 생강 1쪽, 설탕 1큰술, 소금 약간

만드는 법

01 고들빼기는 뿌리가 굵은 것으로 골라 뿌리의 잔털과 누렇고 억센 잎을 따낸 후 깨끗이 씻는다.

02 분량의 소금물에 1주일 정도 삭혀 쓴맛을 제거한다. 도중에 한번 정도 물을 갈아주고 물 위에 고들빼기가 떠오르지 않도록 깨끗한 돌로 눌러준다.

03 삭힌 고들빼기는 여러 번 깨끗이 헹궈 소쿠리에 건져 물기를 뺀다.

04 쪽파는 다듬어 5~6cm 길이로 썰고, 마늘과 생강은 곱게 다진다.

05 멸치액젓에 고춧가루를 넣고 불린 뒤, 여기에 다진 마늘과 생강을 넣고 설탕과 소금으로 나머지 간을 한다.

06 고들빼기와 쪽파에 준비한 양념을 넣어 버무린 다음, 고들빼기에 쪽파를 곁들여 한번 먹을 만큼씩만 타래를 지어 김치통에 차곡차곡 담아 꼭꼭 눌러 보관한다.

tip 김치 담그기 포인트
고들빼기의 억센 정도에 따라 삭히는 시간을 조절해 주고, 오래 두고 먹을 때는 소금 간을 좀 더 많이 해서 짭짤하게 해준다.

풋고추물김치의 효능

고추가 매운맛을 내는 이유는 바로 고추에 함유된 캡사이신(capsacin)이라는 성분 때문이다. 매운 음식을 먹으면 땀이 나는 이유는 신진대사 작용이 활발해지기 때문이며 이로 인해 지방을 연소시켜 체중 조절에 도움을 주기도 한다.

신진대사 작용이 활발해지는
풋고추물김치

재료

절이기 : 풋고추 800g, 소금물(굵은 소금 1/4컵, 물 2컵)
무 1/4개, 홍고추 5개, 마늘 1통, 생강 1쪽, 고운 고춧가루 1큰술, 새우젓 2큰술, 소금 약간, 설탕 1/2큰술, 소금물(물 4컵, 소금 1큰술)

만드는 법

01 풋고추는 모양이 고르고 조금 큰 것으로 골라 꼭지 끝부분을 살짝 잘라 다듬고 한쪽에 깊게 칼집을 넣는다.

02 흐르는 물에 풋고추를 씻어가며 씨를 빼 분량의 소금물에 30분 정도 절인 다음 물에 헹궈 물기를 뺀다.

03 무는 4cm 정도의 길이로 가늘게 채를 썰고, 홍고추는 반 갈라 씨를 제거하여 무와 같은 크기로 썰어놓는다.

04 마늘과 생강도 가늘게 채를 썰고, 새우젓은 곱게 다진 후 꼭 짜서 국물만 사용한다.

05 무에 고운 고춧가루를 버무려 연하게 색이 들면 홍고추와 마늘, 생강을 넣고 새우젓과 소금, 설탕으로 간을 하여 소를 준비한다.

06 풋고추 속에 소를 채워 넣고 소를 넣은 부분이 위로 오도록 하여 통에 차곡차곡 담는다.

07 분량의 물에 소금을 넣고 잘 녹인 국물을 부은 후, 상온에서 하루 동안 익혀 냉장고에 보관한다.

돌산갓김치의 효능
전남 여수시의 특산품으로 다른 갓에 비해 섬유질이 적어 부드러운 맛이 있으며 빨리 시어지지 않는다. 카로틴과 비타민 B, C가 많이 함유되어 있어 질병에 대한 저항력을 길러준다.

저항력을 길러주는
돌산갓김치

재료

절이기 : 갓 1단, 소금물(굵은 소금 1/2컵, 물 3컵)
쪽파 1/4단, 마늘 1통, 생강 1쪽, 고춧가루 1컵, 멸치액젓 1/3컵, 새우젓 2큰술, 찹쌀풀(찹쌀가루 1/3컵, 물 1컵), 소금 약간, 배추 우거지 4잎

 만드는 법

01 갓은 너무 억세지 않은 것으로 골라 시든 잎을 떼어내고 다듬어, 썰지 않은 상태로 길게 분량의 소금물에 3시간 정도 절인 다음 물에 깨끗이 씻어 물기를 빼놓는다.

02 갓을 절이는 중간에 배추 우거지와 쪽파를 넣어 같이 절인다. 찹쌀가루는 풀을 쑤어 놓고, 마늘과 생강은 곱게 다진다.

03 새우젓은 곱게 다지고 새우젓 국물과 함께 멸치액젓, 찹쌀풀을 섞은 후 고춧가루를 풀어놓는다. 여기에 다진 마늘·생강을 넣고 약간의 소금으로 간을 하여 양념을 준비한다.

04 절여진 갓과 쪽파를 넓은 그릇에 넣고 준비한 양념을 넣어 고루 버무린 다음 김치통에 눌러 담고, 배추 우거지로 윗면을 덮어 웃소금을 살짝 뿌린다.

1

4

부추김치의 효능

부추는 몸을 보온해 주는 효과가 있어 몸이 찬 사람에게 좋은 식품이며 비타민과 각종 영양소가 매우 풍부하므로 강장효과도 뛰어나다. 또한 강한 항균작용을 가지고 있어 감기 예방에 좋으며 특히 엽록소가 많이 함유되어 있다.

비타민과 각종 영양소가 매우 풍부한
부추김치

재료

절이기 : 부추 1단, 멸치액젓 1/2컵
마늘 1/2통, 생강 1/2쪽, 고춧가루 1/2컵, 설탕 1/2큰술, 소금 약간

 만드는 법

01 부추는 약간 굵은 것으로 준비하여 뿌리 부분을 잘라내고, 흐트러지지 않도록 양 손으로 모아 잡아 흐르는 물에 살살 씻어 물기를 털어낸다.

02 그릇에 부추를 깔고 멸치액젓을 골고루 뿌려 30분 가량 두어 부추가 반 정도 절여져 숨이 살짝 죽으면 물기와 함께 흘러내린 액젓을 그릇에 모아 담는다.

03 그릇에 모은 액젓에 분량의 고춧가루를 넣어 잘 섞고 다진 마늘·생강, 설탕과 약간의 소금을 넣어 양념을 준비한다.

04 절인 부추에 양념을 넣어 살살 버무려 양념이 고루 묻으면 통에 차곡차곡 담는다.

호박김치의 효능

김치를 담고 남은 양념을 이용한 호박김치는 찬거리가 마땅치 않은 추운 겨울철에 따뜻하게 끓여 푸짐하게 먹을 수 있는 찌갯거리용 김치이다. 호박은 몸을 이롭게 하는 성분이 매우 많이 함유되어 있어 항암작용, 감기예방, 혈압강하작용 등을 하며 특히 이뇨작용이 매우 강하여 부종 등에 효과가 있어 출산 후 산모에게 자주 공급되는 식품이다.

부종에 효과가 있어 산모에게 좋은
호박김치

재료

절이기 : 늙은 호박 1kg, 배추 1/4포기, 소금물(굵은 소금 1컵, 물 5컵)
쪽파 1/4단, 고춧가루 1컵, 멸치액젓 1/2컵, 새우젓 2큰술, 마늘 1통, 생강 1쪽, 설탕 약간, 소금 약간

 만드는 법

01 늙은 호박은 반 잘라 숟가락으로 속의 씨와 불순물을 모두 긁어낸다.

02 호박의 단단한 겉껍질은 칼로 저며내듯 벗긴다.

03 호박을 크기 3~4cm, 두께 0.5cm의 사각형 모양으로 썰어 소금물에 1시간 정도 절인 후 물에 헹궈 물기를 뺀다.

04 배추는 호박과 같은 크기로 썰어 같이 절인 후 채반에 받쳐 물기를 제거한다.

05 쪽파는 다듬어서 4cm 정도의 길이로 썰고 마늘, 생강, 새우젓은 곱게 다져 준비한다.

06 고춧가루에 멸치액젓과 새우젓 다진 것을 새우젓 국물과 함께 넣고 버무려 색이 곱게 물들면 여기에 다진 마늘과 다진 생강을 넣고 설탕과 소금으로 간을 한다.

07 호박과 배추 절인 것에 준비한 양념을 넣고 버무린 다음 쪽파를 넣어 가볍게 버무려 김치통에 담는다.

양배추김치의 효능

양배추에는 우리나라 사람들에게 자주 발생되는 위염과 위, 십이지장궤양을 예방, 치료하는 비타민 U와 K가 들어 있어 환자들의 치료식으로 사용되기도 한다. 특히 카로틴과 비타민 C, 식이섬유가 풍부하며 이 성분들은 암 발생을 억제하는 작용을 하므로 꾸준히 식용하면 암을 예방할 수 있는 매우 좋은 식품이다. 뿐만 아니라 소화효소인 디아스타아제가 무보다 많이 들어 있어 소화에도 도움을 준다.

비타민과 식이섬유가 풍부한
양배추김치

재료   절이기 : 양배추 1통, 소금물(굵은 소금 1/2컵, 물 3컵)
무 1/4개, 미나리 1/2단, 깻잎 30장, 마늘 2통, 생강 1쪽, 고춧가루 1/2컵,
멸치액젓 1/4컵, 설탕 1/2큰술, 소금 약간

만드는 법

01 양배추는 겉의 푸르고 억센 잎을 따주고 4등분한 다음 뿌리 부분을 잘라내 한 잎씩 부서지지 않도록 분리한다.

02 양배추잎은 분량의 소금물에 2시간 가량 절인 다음 물에 헹궈 물기를 뺀다. 깻잎도 흐르는 물에 잘 씻어 물기를 털어낸다.

03 무는 길이 7cm와 굵기 0.5cm 정도로 채썰어 놓고, 미나리는 마디 부분의 잔털과 잎을 제거하여 무와 같은 길이로 썬다. 마늘과 생강은 곱게 다져 준비한다.

04 무에 고춧가루를 버무려 넣고 곱게 색이 들면 분량의 멸치액젓을 넣어 버무린다.

05 04에 미나리, 마늘, 생강을 넣고 설탕과 약간의 소금으로 간을 맞춘다.

06 양배추잎을 펼쳐놓고 그 위에 깻잎을 깐 다음 무와 미나리를 가지런히 놓고 풀리지 않도록 돌돌 말아준다.

07 양배추김치를 김치통에 차곡차곡 담아 하루 동안 상온에서 익힌 후 냉장고에 넣어 보관한다.

🥬 장김치의 효능

장김치는 우리에게 없어서는 안될 양념 중의 하나인 간장을 사용하여 간을 맞추고 재료를 절여 만든 김치로 짠맛, 단맛과 함께 독특한 향기가 조화를 이룬 김치이다. 간장을 만드는 주재료는 콩으로, 콩의 단백질이 분해되어 생긴 아미노산이 감칠맛과 독특한 향을 내는 것이다. 특히 고기의 섭취가 부족했던 옛 어른들에게는 간장과 된장이 단백질을 공급해 주는 좋은 식품으로 이용되어 왔다.

짠맛, 단맛, 독특한 향기가 조화된
장김치

재료
절이기 : 배추 1/4포기, 무 1/4개, 간장 1컵
배 1개, 대추 10개, 밤 5개, 표고버섯 5장, 쪽파 1/4단, 미나리 10줄기, 마늘 2통, 생강 1쪽, 물 12컵, 설탕 1큰술

만드는 법

01 배추는 연한 속잎으로 준비해 가로, 세로 3cm의 크기로 썰고, 무는 배추와 같은 크기로 0.3cm의 두께로 썰어 분량의 간장에 절인다.

02 배는 껍질과 씨를 제거하여 무와 같은 크기로 썰어 소금물에 한번 헹궈 준비하고, 밤은 속껍질까지 벗겨 납작하게 썬다.

03 대추는 돌려깎아 씨를 제거하여 돌돌 말아 둥글게 썰고, 표고버섯은 따뜻한 물에 부드럽게 불려 기둥을 떼고 4등분한다.

04 쪽파와 미나리는 3cm 길이로 썰고, 마늘과 생강은 편으로 썰어놓는다.

05 배추와 무가 절여지면 국물을 따라내고 준비해 둔 배, 밤, 대추와 표고버섯, 쪽파, 미나리, 마늘, 생강을 넣어 잘 버무린다.

06 따라낸 국물에 분량의 물을 붓고 설탕을 넣어 간을 맞춘 후, 버무려 놓은 재료에 붓고 상온에서 이틀 정도 익힌 후 냉장고에 보관한다.

tip 김치 담그기 포인트
시중에서 파는 간장은 생산되는 회사마다 색과 맛이 조금씩 다르므로 간장과 소금의 양을 적절히 조절하여 빛깔 고운 김치가 되도록 한다.

고춧잎김치의 효능

고춧잎은 여러 녹황색 채소 중에서도 특히 칼슘의 함량이 높아서 뼈와 치아를 구성하고 유지시키는데 매우 좋은 식품이다. 칼슘은 구성소로서 뿐만 아니라 근육의 수축과 심장박동의 조절, 혈액응고 작용에도 관여한다. 또한 고춧잎에는 비타민 A와 C가 많이 함유되어 있어 병에 대한 저항력을 길러준다.

비타민 A, C와 칼슘이 풍부한
고춧잎김치

재료

절이기 : 고춧잎 800g, 소금물(굵은 소금 1/4컵, 물 2컵)
마늘 1/2통, 생강 1쪽, 쪽파 5뿌리, 고춧가루 1/3컵, 까나리액젓 1/4컵, 설탕 1/2큰술, 물 1/2컵, 찹쌀풀(찹쌀가루 1/4컵, 물 1/2컵), 소금 약간

만드는 법

01 고춧잎은 억센 가지 부분에서 잎만 따놓는다.
02 분량의 소금물에 30분 정도 절인 다음 여러 번 헹궈 체에 밭쳐 물기를 빼놓는다.
03 찹쌀가루는 풀을 쑤어 차게 식혀둔다.
04 마늘과 생강은 곱게 다져놓는다.
05 쪽파는 깨끗이 다듬고 씻어 3cm 길이로 썰어 준비한다.
06 고춧가루에 까나리액젓을 잘 섞어 촉촉하게 젖으면 찹쌀풀과 쪽파, 마늘·생강 다진 것을 넣고 소금과 설탕으로 간을 해서 양념을 준비한다.
07 고춧잎 절인 것에 양념을 넣고 골고루 버무려 통에 꾹꾹 눌러 담는다.
08 상온에서 하룻밤 익히고 냉장고에 넣어 보관한다.

1

2

6

tip 김치 담그기 포인트
고춧잎김치를 담글 때 잎과 함께 붙어 있는 어린 고추를 함께 버무려 담으면 아삭아삭 씹히는 맛이 있어 더욱 좋다.

콩잎김치

깻잎김치

깻잎김치·콩잎김치의 효능

독특한 향이 입맛을 돋게 하는 깻잎에는 칼슘, 비타민 A, C가 풍부하다. 또 진한 녹색 채소로 엽록소가 많이 함유되어 있어 각종 질병의 예방, 치료에 뛰어난 효과를 보인다. 특히 깻잎에 함유되어 있는 철분은 거의 소간과도 맞먹을 정도의 양이 들어 있어 빈혈 예방에 좋은 효과를 나타낸다. 콩잎 또한 엽록소와 섬유질이 풍부하며 늦가을에 노랗게 물든 콩잎을 이용하여 김치나 장아찌를 담근다.

독특한 향이 입맛도는
깻잎김치·콩잎김치

깻잎김치

재료

깻잎 50장, 까나리액젓 1/2컵, 고춧가루 1/3컵, 쪽파 5뿌리, 마늘 1통, 생강 1쪽, 홍고추 2개, 설탕 1/2큰술

만드는 법

01 깻잎은 흐르는 물에 여러 번 헹궈 물기를 잘 털어낸다.
02 쪽파는 송송 썰고, 마늘과 생강, 홍고추는 곱게 다져놓는다.
03 까나리액젓에 고춧가루를 넣어 불리고 여기에 쪽파, 마늘, 생강, 홍고추, 설탕을 넣어 양념을 만든다.
04 깻잎을 2장씩 겹쳐놓고 양념을 1/2큰술 정도씩 고루 바르고 그 위에 다시 2장씩 겹쳐 양념 바르기를 반복한다.
05 김치통에 깻잎김치를 차곡차곡 담아 하루 정도 익혀 냉장고에 넣는다.

콩잎김치

재료

절이기 : 콩잎 40장, 소금물(소금 1/4컵, 물 2컵)
까나리액젓 1/2컵, 고춧가루 1/3컵, 대파 2뿌리, 마늘 1통, 생강 1쪽, 설탕 1/2큰술, 찹쌀풀(찹쌀가루 1/4컵, 물 1/2컵)

만드는 법

01 콩잎은 중간 크기의 억세지 않은 것으로 골라 분량의 소금물에 30분 정도 절인 다음 헹궈 물기를 뺀다.
02 찹쌀가루는 풀을 쑤어 식혀서 준비하고, 대파, 마늘, 생강은 곱게 다져놓는다.
03 까나리액젓에 고춧가루, 찹쌀풀, 다진 대파·마늘·생강을 넣고 설탕으로 간을 하여 양념을 준비한다.
04 콩잎을 2장씩 겹쳐놓고 양념을 켜켜이 발라 차곡차곡 김치통에 담아 이틀 정도 익혀 냉장고에 넣는다.

tip 김치 담그기 포인트
깻잎이 너무 억센 경우에는 소금물에 살짝 절여서 사용하는 것이 좋다.

김치 담글 때 사용되는 부재료

미나리 너무 억세지 않고 줄기가 가는 것보다는 통통하며 약간 짧고 연하면서도 무성한 것이 좋다. 독특하고 기분 좋은 향기를 가지고 있어 김치 양념에 많이 사용되며 특히 나박김치와 같은 물김치에는 빠질 수 없는 재료이다. 뿌리와 마디에 나 있는 잔털을 제거하고 누런 잎을 따서 손질한다. 거머리가 붙어 있는 경우가 많으므로 주의한다(놋수저를 담가놓은 물에 미나리를 담가두면 거머리가 빠져 나온다).

밤 부피에 비해 묵직하고 껍질에 윤이 반들반들 나는 것이 좋은 밤이다. 겉껍질과 속껍질을 벗기고 색이 변하지 않도록 물에 담갔다가 사용하는 것이 좋다. 아삭아삭 단단하게 씹히는 느낌과 달착지근한 맛이 특징으로 김치 속에 버무려 넣기도 하지만 나박나박 썰어 보쌈김치나 해물김치 등 고급 김치에 주로 사용한다.

대추 강장 효과가 있는 한방 생약으로 예부터 많이 쓰여 왔다. 대추는 초가을에 나는 날것을 먹기도 하지만 잘 말려두었다가 사철 이용할 수 있다. 대추를 고를 때는 잘 말려 주름이 많이 지고 윤기가 흐르며 알이 굵고 짙은 붉은빛이 도는 것을 선택하는 것이 좋다. 보통 칼로 돌려깎아 씨를 뺀 후 곱게 채썰어 김치나 다른 음식의 고명으로 사용하는데 보쌈김치, 백김치 등에 주로 넣는다.

배 시원하고 단 과일로 과즙이 많고 당도가 비교적 높다. 배를 갈아 국물을 꼭 짜서 건더기는 버리고 국물을 김치 양념에 넣으면 시원한 맛과 상쾌한 단맛을 내기 때문에 많이 사용된다. 하지만 수분이 많으므로 김치에 물이 많이 생길 수 있어 적당량 넣는 것이 좋으며, 배의 건더기는 딱딱한 돌기가 있어 사용하지 않는 것이 좋다. 그 외 나박김치나 동치미 같은 국물 김치에 넣어 주면 국물 맛이 훨씬 좋아진다.

실고추 마른 고추의 겉면을 마른 행주로 깨끗이 닦고 꼭지를 뗀 다음 길게 반으로 갈라 씨를 털고 날이 잘 드는 칼을 사용하여 곱게 채를 썰거나 가위로 가늘게 잘라 사용한다. 시중에 나와 있는 것을 구입해 사용해도 좋으며 홍고추를 가늘게 채를 썰어 사용해도 색이 선명해서 예쁘게 사용할 수 있다. 겉절이나 생채 등을 깨끗하게 무칠 때 사용하며 맛보다는 주로 고명으로 사용한다.

석이버섯 바닷가의 바위 표면에 붙어사는 것으로 겉은 검은 회색이고 안쪽은 암갈색으로 엷게 이끼가 끼어 있으며 독특한 향과 질감을 가지고 있다. 마른 석이버섯은 더운 물에 불렸다 양손으로 여러 번 비벼서 씻어 검은 물을 완전히 뺀 후 사용하는 것이 깨끗하다. 돌돌 말아 가늘게 채썬 후 떡과 음식의 고명으로 많이 사용한다. 김치의 경우에도 백김치나 보쌈김치, 장김치 등에 고명으로 이용하는데 손질 방법이 까다로우므로 고급스러운 고명으로 취급된다.

잣 한방에서 잣은 기운을 돋우고 수명을 연장한다고 말할 정도로 귀한 식품이다. 특히 필수지방산이 다량 함유되어 있는 영양식이지만 지방이 많으므로 오래된 것은 냄새가 난다. 국산 잣은 수입 잣에 비해 투명하고 윤기가 흐르며 색과 모양이 고르고 잣 끝부분에 고깔이 많이 붙어 있지 않다. 백김치나 보쌈김치처럼 고급스런 김치의 고명으로 많이 이용하며 다른 음식에도 다지거나 통째 고명으로 이용된다. 고깔을 떼고 유리병이나 비닐에 넣어 냉장고에 보관한다.

통깨 깨는 고소한 맛의 대명사로 향기와 맛뿐 아니라 동물성 단백질에 못지않은 우수한 단백질을 가지고 있다. 깨를 볶을 땐 박박 문질러 껍질을 벗기고 깨끗하게 헹군 뒤 고소한 맛이 나도록 약한 불에서 볶는다. 겉절이나 생채 무침에 넣어 버무리면 깨 씹히는 맛이 매우 고소하게 느껴진다. 볶은 깨를 간 것이 깨소금으로 음식의 양념에 빠질 수 없지만 김치에 깨소금을 넣게 되면 지저분해지므로 겉절이처럼 담가서 바로 먹는 경우에 통깨를 넣어주는 정도가 좋다.

풋고추 비타민 C가 풍부하게 들어 있으며 재래종 고추는 단맛과 매운맛의 조화가 잘 되어 있어 김치의 맛을 좋게 한다. 대부분의 경우 김치의 부재료로 사용되지만 풋고추김치처럼 주재료로 사용되기도 한다. 그냥 먹을 때는 연한 것이 좋으나 김치를 담글 때는 껍질이 두껍고 씨가 적은 것, 꼭지가 단단하게 붙어 있는 것이 좋으며 속을 넣기 위해서는 모양이 많이 휘지 않고 곧은 것으로 고른다.

건고추 고추는 17세기 초에 우리나라에 들어왔다. 고추의 매운 맛 성분은 캡사이신으로 주로 과피에 포함되어 있다. 고추는 김치의 젓산균의 발효를 촉진시키며 사용되는 고춧가루의 양은 0.05%~4%까지로 범위가 넓다. 고추는 빛깔이 곱고 선명하며 윤기가 나고, 꼭지는 가늘고 뾰족하며 노란빛이 돌고 모양이 고른 고추 특유의 매운맛과 향이 있는 태양초를 선택한다.

삭힌고추 9월 하순경 풋고추를 구입해 꼭지를 1.5cm 정도 남기고 잘라 항아리에 담은 후 돌로 잘 누른다. 굵은 소금 1컵에 물 5컵의 비율로 소금물을 만들어 돌 위까지 물이 올라오도록 붓는다. 20일 정도 지나 노랗게 삭히면 동치미에 넣기도 하고 잘게 다져서 무쳐 먹기도 한다. 양념간장에 조금 다져서 넣으면 독특한 향미를 낸다.

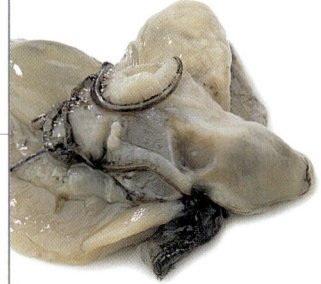

굴 바다에서 나는 우유라고 부를 정도로 영양가 높은 굴은 알이 통통하고 우유빛이 돌며 색과 모양이 선명한 것이 싱싱하다. 칼슘, 철분 등 조혈성분이 풍부하며 김치에 넣으면 특유의 시원한 맛과 감칠맛, 향긋한 바다향을 낸다. 하지만 김치에 굴을 많이 넣거나 오래 두고 먹을 경우, 군내가 나고 배추가 물러지기 쉬우므로 바로 먹을 김치에만 사용하는 것이 좋다. 가을에서 겨울이 제철이며 김치 외에 젓갈로 담그기도 하고 다양한 조리 방법으로 요리할 수 있다.

생새우 김치를 담글 때 생새우를 넣으면 김치의 맛이 한결 시원하고 감칠맛이 난다. 투명하고 살이 통통하게 오른 것이 맛있으며 김장김치에는 다져서 넣기도 하고 해물김치나 보쌈김치에는 새우살을 그대로 넣어준다.

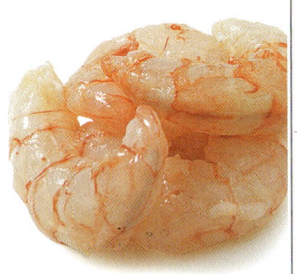

낙지 살아 있는 것을 사용하는 것이 좋으며 다른 해산물과 섞어 놓아도 본래의 제맛을 유지할 수 있다. 시원한 맛이 일품이므로 국물이 많은 무김치나 보쌈김치의 속재료에 사용된다. 소금으로 잘 주물러 씻어야 불순물을 깨끗이 제거할 수 있다.

생태 얼린 것은 동태, 말린 것은 북어·황태 등으로 불린다. 비린내가 적어 배추김치, 무김치, 파김치 등에 두루 어울리는 생태는 눈이 선명하고 살에 탄력이 있는 것이 싱싱하다. 뼈와 내장을 발라내고 2~3cm 크기로 포를 떠서 고춧가루, 파, 마늘 등의 양념에 하루 정도 재었다가 사용하는 것이 좋다. 김치에 넣은 생태가 잘 삭으면 입 안에서 부드럽게 씹히는 감촉과 맛이 좋다. 생태의 창자는 창난젓으로, 알은 명란젓으로 이용된다.

청각 청각은 바다 속 바위에 붙어사는 해조류로 마치 사슴뿔처럼 생겼다고 해서 청각채 혹은 녹각채라고도 한다. 칼슘과 인이 풍부하고 다시마와 비슷한 향이 나며 촉감이 매끄럽다. 김치의 맛을 시원하게 해 주므로 주로 동치미와 백김치 등 국물이 있는 김치에 넣는다. 마른 것은 푸른빛이 많은 것으로 티 없이 깨끗이 말려진 것을 골라 물에 불렸다가 사용하며, 생것은 빛이 곱고 가지가 통통하며 윤기 있는 것을 고른다.

Kimchi

Section 3

신세대를 위한 간편하고 독특한 즉석김치

배추겉절이 | 오이피클 | 참나물겉절이
중국식 오이김치 | 영양부추겉절이 | 상추겉절이
돌나물 · 달래나물겉절이 | 삼색 무초절임 | 연근 · 생강초절임

배추겉절이의 효능

소금에 살짝만 절여 양념에 버무려, 익히지 않고 바로 먹는 김치를 겉절이라고 한다. 저장 김치에 많이 함유된 유산균은 적으나 아삭아삭 씹히는 질감과 신선한 느낌이 입맛을 자극한다. 배추는 칼로리가 적고 비타민, 무기질, 칼슘이 풍부하며 알칼리성 식품으로 산성을 중화시키는 역할을 한다. 또한 섬유질이 많아 변비에 매우 좋은 식품이다.

칼로리가 적고 섬유질이 많은
배추겉절이

 재료 절이기 : 배추 1통, 소금물(굵은 소금 1/2컵, 물 1컵)
배 1/2개, 쪽파 1/4단, 마늘 1통, 생강 1쪽, 풋고추 2개, 미나리 1/5단, 홍고추 2개, 양파 1/2개, 마른 고추 5개, 고춧가루 1/2컵, 소금 약간, 새우젓 1큰술, 멸치액젓 1/4컵, 설탕 1큰술, 통깨 1큰술, 찹쌀풀(찹쌀가루 1/4컵, 물 1/2컵)

만드는 법

01 배추는 겉의 억센 잎을 떼내고 길이를 4등분한 다음 뿌리 부분을 잘라 배춧잎이 모두 떨어지도록 한다.

02 칼로 배춧잎을 저미면서 길쭉하게 썬다.

03 여기에 분량의 소금물을 넣고 버무려 1시간 정도 두어 반쯤 절여지도록 한 다음 물에 헹궈 물기를 뺀다.

04 찹쌀가루는 풀을 쑤어 준비하고, 배는 강판에 갈아 즙을 짜 놓는다.

05 쪽파와 미나리, 양파는 4cm의 길이로 썰고, 마늘과 생강은 다져놓는다. 풋고추와 홍고추는 어슷하게 썬다.

06 마른 고추는 꼭지를 떼서 씨를 털어내고 1cm 길이로 잘라 물에 담가 부드러워지도록 불린다.

07 믹서에 분량의 멸치액젓과 새우젓을 넣고 마른 고추 불린 것, 배즙을 한데 넣고 갈아준다. 여기에 고춧가루, 찹쌀풀을 넣고 소금과 설탕으로 간을 해서 양념을 만든다.

08 그릇에 절여진 배추와 준비한 양념을 넣어 고루 버무린 후 마지막에 통깨를 뿌려 낸다.

 tip 겉절이란?
배추, 상추, 무 따위를 절여서 저장하지 않고 곧바로 먹는 반찬을 말한다.

오이피클의 효능

오이를 식초에 절이면 색이 노랗게 되는 이유는 오이의 색소성분인 클로로필이 산에 의해 변색되기 때문이다. 피클에 주된 재료로 이용되는 식초는 힘든 일을 하고 난 후 몸에 쌓이는 젖산을 분해하여 피로를 덜어주는 역할을 한다. 또한 항균작용을 하므로 음식이 쉽게 변하지 않도록 하며 식중독을 예방해 주는 역할도 한다.

피로를 덜어주고 항균작용을 하는
오이피클

재료
절이기 : 오이 10개, 굵은 소금 1/2컵
피클 국물 : 정향 5알, 피클링 1큰술, 물 4컵, 설탕 1컵, 소금 1/3컵, 식초 2컵, 양파 1/2개, 당근 1/4개, 셀러리 1줄기, 홍고추 2개, 생강 1쪽

🌶 만드는 법

01 오이는 통통하고 길이가 짧은 것으로 골라 소금으로 주물러 씻는다.
02 씻은 오이는 물기를 살짝 제거하여 분량의 소금에 굴려 2시간 정도 절인 후 물에 헹궈 남은 물기를 닦아낸다.
03 양파는 굵게 채썰고, 당근과 셀러리, 홍고추는 어슷하게 썬다. 생강은 편으로 썬다.
04 피클용기는 냄비에 넣고 물을 부어 건진 후 그대로 식혀 소독해 둔다.
05 피클용기에 오이를 채워 넣고 양파, 당근, 셀러리, 홍고추, 생강을 사이사이에 넣는다.
06 냄비에 분량의 물, 설탕, 소금과 정향, 피클링을 넣어 팔팔 끓으면, 식초를 넣어 한소끔 끓인 후 불을 끈다.
07 뜨거운 상태로 국물을 바로 오이 위에 부어주고 밀봉하였다가 하룻밤 지나면 국물을 쏟아 다시 끓여 식힌 다음, 오이가 잠기도록 붓고 무거운 것으로 눌러 오이가 떠오르지 않도록 보관한다.

피클링이란?
피클에 독특한 풍미를 주는 다양한 종류의 향신료를 섞어 놓은 것으로, 주로 수입품 전문점이나 양식 재료 전문점에서 구할 수 있다.

참나물겉절이의 효능

예로부터 몸에 좋은 약은 입에 쓰다는 말이 있다. 참나물은 약간 쌉쌀한 맛을 가지고 있으나 비타민과 철분, 칼슘이 많이 함유되어 있어 특히 여성의 건강과 미용에 좋다. 지혈제와 해열제로 이용하는 약용식물로서도 가치가 있으며 고혈압, 중풍을 예방해 주기도 하는 등 건강에 매우 좋은 식품이다.

여성의 건강과 미용에 좋은
참나물겉절이

 재료 참나물 200g, 홍고추 1개, 대파 1/2대
양념 : 마늘 2쪽, 간장 1큰술, 설탕 1/2큰술, 식초 1/2큰술, 참기름 1작은술, 통깨 1작은술

만드는 법

01 참나물은 줄기 끝의 억센 부분을 잘라내고 깨끗이 씻어 4~5cm 길이로 썰어 한입에 먹기 좋은 크기로 준비한다.

02 홍고추는 씨를 제거하고 3cm 길이로 가늘게 채썰고, 대파도 같은 크기로 채썬다.

03 마늘은 곱게 다져 분량의 간장, 설탕, 식초, 참기름, 통깨를 넣고 골고루 섞어 양념을 만든다.

04 우묵한 볼에 썰어놓은 참나물을 담고 홍고추와 대파 채썬 것을 넣어 고루 섞어둔다.

05 준비된 양념을 잘 저은 후 먹기 직전에 참나물을 넣어 손으로 살살 버무려 그릇에 소복하게 담아낸다.

1

2

3

 김치 담그기 포인트
tip 참나물 자체의 쌉쌀한 맛과 독특한 향을 즐길 수 있도록 파, 마늘, 참기름 등 향이 강한 양념을 너무 많이 사용하지 않는 것이 좋다.

중국식 오이김치의 효능

즉석에서 바로 만들어 먹을 수 있는 중국식 오이김치는 중국요리를 먹을 때 곁들여 먹으면 입안을 개운하게 해 준다. 여기에 양념으로 사용되는 두반장은 대두와 잠두, 고추 등을 넣어 발효시킨 중국 고유의 양념으로 우리나라의 고추장과 된장을 섞은 듯한 맛과 톡 쏘는 매운맛, 매콤한 신맛이 조화를 이룬다.

매운맛, 신맛이 조화를 이뤄 개운한
중국식 오이김치

재료 절이기 : 청오이 2개, 소금 1/2큰술
양념 : 두반장 1큰술, 간장 1/2큰술, 식초 1큰술, 설탕 1/2큰술
홍고추 2개, 마늘 2쪽, 고추기름 2큰술

만드는 법

01 청오이는 가시가 많이 붙어 있는 싱싱한 것으로 골라 소금으로 잘 주물러 씻고 남아있는 가시는 칼로 살짝 저며낸다.

02 오이를 길게 반 가른 후 한입 크기로 어슷하게 썰고, 분량의 소금에 절여 물기를 살짝 눌러 제거한다.

03 마늘은 칼 옆면으로 힘껏 눌러 으깨고, 홍고추는 반 갈라 씨를 빼서 굵게 다진다.

04 그릇에 분량의 두반장, 간장, 식초, 설탕을 잘 섞어 양념을 만든다.

05 팬을 달궈 뜨거워지면 고추기름을 두르고 홍고추 다진 것을 넣어 볶는다.

06 여기에 오이를 넣어 살짝 볶다가 준비해 둔 양념을 붓고 잘 섞는다.

07 양념이 배면 불을 끄고 식힌 후 그릇에 담고 으깬 마늘을 넣어준 다음 맛이 들도록 한 시간 정도 두었다가 냉장고에 넣어 보관한다.

영양부추겉절이의 효능

영양부추는 일반 부추에 비해 비타민이 많이 함유되어 있기 때문에 영양부추라는 이름이 붙었으며, 매우 연하여 겉절이나 샐러드용으로 이용하기에 좋다. 특히 돼지고기를 먹을 때 부추를 같이 먹으면 좋은데 부추에 함유된 알리신이라고 하는 성분은 돼지고기에 함유된 비타민 B_1의 흡수를 도와준다. 이 비타민 B_1은 우리의 주식인 쌀에 함유된 탄수화물이 에너지로 이용될 수 있도록 해 주는 역할을 한다.

비타민이 많이 함유된
영양부추겉절이

재료 영양부추 1단, 양파 1/2개, 보라색 양배추 2잎, 홍고추 2개
양념 : 간장 2큰술, 설탕 1큰술, 식초 1큰술, 대파 1/2뿌리, 마늘 3쪽, 통깨 1작은술

만드는 법

01 영양부추는 묶여 있는 상태가 흐트러지지 않도록 조심스럽게 풀어 지저분한 잎을 골라내고, 뿌리 끝부분을 0.5cm 정도 잘라낸 후, 흐르는 물에 살살 씻어 물기를 털어낸 다음 5cm 길이로 썬다.

02 양파는 뿌리를 자르고 얇게 채썰어 물에 담가 매운맛을 제거한 다음 건져 놓는다.

03 보라색 양배추는 4cm 길이로 썰어 물에 담갔다가 싱싱해지면 건져놓고, 홍고추는 다진다.

04 대파, 마늘, 생강은 곱게 다져 분량의 간장, 설탕, 식초, 통깨를 넣고 골고루 섞어서 양념을 만든다.

05 접시에 양파와 영양부추, 양배추를 층층이 보기 좋게 얹은 다음 홍고추를 둘레에 살짝 뿌려 모양을 내고 먹기 직전에 양념을 뿌려 낸다.

상추겉절이의 효능

상추를 많이 먹으면 잠이 오는 이유는 상추 줄기에 함유되어 있는 락투신(lactucin)이라고 하는 성분에 진정, 최면의 효과가 있기 때문이다. 녹색 채소의 대표격으로 인식되는 상추에는 비타민과 함께 무기질 중 특히 철분이 많이 함유되어 있어 빈혈 예방 식품으로 매우 좋은 식재료이다.

철분이 많이 함유되어 빈혈에 좋은

상추겉절이

재료 상추 200g
양념 : 홍고추 1개, 대파 1/2대, 마늘 2쪽, 간장 1/2큰술, 멸치액젓 1/2큰술, 설탕 1/2큰술, 통깨 1작은술

만드는 법

01 상추는 뿌리 부분을 잘라내고 흐르는 물에 여러 번 씻어 물기를 잘 털어낸다. 작고 연한 것은 그대로 사용하고 큰 것은 적당히 손으로 뜯어 준비한다.

02 홍고추는 링으로 얇게 썰어 물에 헹궈 씨를 빼고 대파와 마늘은 곱게 다진다.

03 그릇에 분량의 간장, 멸치액젓, 설탕, 통깨, 홍고추를 넣고 잘 섞어 양념을 만든다.

04 접시에 상추를 보기 좋게 담고 먹기 직전에 양념을 끼얹어 낸다.

tip 김치 담그기 포인트
상추겉절이는 먹다가 남는 경우, 두었다 다시 먹기에는 맛과 모양이 좋지 않으므로 양념을 만들어 놓고 먹기 직전 한번 먹을 만큼씩만 버무려 먹는 것이 좋다.

돌나물겉절이

달래나물겉절이

돌나물·달래나물겉절이의 효능

봄을 알리는 나물 중 대표적인 것이 바로 돌나물과 달래나물로 잃어버린 미각을 되찾아주는 훌륭한 채소 중 하나이다. 돌나물에는 식욕을 돋워주고 피를 맑게 하는 효능이 있다. 달래나물에는 비타민 C가 풍부하여 피부 노화방지 및 기미, 주근깨의 예방 효과가 있으며 강한 항암작용을 하는 것으로 알려져 있다.

나른한 봄, 잃어버린 입맛을 찾아주는
돌나물 · 달래나물겉절이

돌나물겉절이

재 료

돌나물 200g
양념 : 대파 1/3대, 마늘 1쪽, 간장 1큰술, 설탕 1큰술, 식초 1큰술, 고춧가루 1작은술, 깨소금 1작은술, 참기름 1작은술

만드는 법

01 돌나물은 억센 줄기를 제거하고 긴 것은 먹기 좋은 크기로 손으로 뜯어 깨끗이 씻어 물기를 털어 놓는다.

02 대파와 마늘은 곱게 다져 분량의 간장, 설탕, 식초, 고춧가루, 깨소금을 넣고 섞어 양념을 만든다.

03 우묵한 볼에 돌나물을 담고 양념을 고루 섞은 후 마지막에 참기름을 넣어 마무리한다.

달래나물겉절이

재 료

달래나물 2단
양념 : 마늘 1쪽, 간장 2큰술, 설탕 1큰술, 식초 1큰술, 고춧가루 1/2큰술, 깨소금 1작은술

만드는 법

01 달래나물은 뿌리 끝부분의 지저분한 것을 떼내고 둥근 뿌리쪽 껍질을 한번 벗겨 다듬은 후, 5cm 길이로 썰어 준비한다.

02 마늘은 곱게 다지고 간장, 설탕, 식초, 고춧가루, 깨소금과 함께 섞어 양념을 만든다.

03 우묵한 볼에 달래나물을 담고 양념을 넣은 다음 손으로 가볍게 살살 섞어 양념이 고루 묻도록 하여 그릇에 담는다.

삼색 무초절임의 효능

새콤달콤하며 고기의 느끼한 맛을 없애주기 때문에 고기를 먹을 때 주로 곁들여 먹는다. 무초절임 만드는 방법은 비교적 간단하므로 사진에서처럼 색을 들여 변화를 주면 더욱 먹음직스럽다. 무에는 비타민 C가 많이 함유되어 있는데 당근에 함유된 아스코르비나아제(ascorbinase)에 의해 비타민 C가 파괴되므로 당근과 같이 섞어서 요리하지 않는다.

고기의 느끼함을 없애주는 새콤달콤한
삼색 무초절임

재료 무 1개, 양파 1/2개, 배 1/2개, 마늘 1/2통, 생강 1쪽, 시금치 2뿌리, 고춧가루 1큰술
초절임 국물 : 식초 2컵, 설탕 1컵, 소금 1/3컵, 다시마 끓인 물 2컵

 만드는 법

01 무는 깨끗이 씻어 겉껍질을 벗기고 굵은 채칼을 사용하여 길게 밀어 0.5cm 정도 두께의 무채를 썰어놓는다.

02 양파와 배는 강판에 갈아 즙을 짜서 준비하고, 마늘과 생강은 편으로 썰어놓는다.

03 찬물에 다시마를 넣고 끓으면 바로 불을 꺼 국물을 식혀 둔 다음 분량의 식초, 설탕, 소금을 넣어 초절임 국물을 만든다.

04 시금치는 약간의 물과 함께 믹서에 넣어 간 다음 면보에 걸러 즙을 짜 놓고, 고춧가루는 면보에 감싼 채 4큰술 정도의 물에 넣고 주물러 고춧물을 만든다.

05 초절임 국물에 채썬 무와 양파즙, 배즙, 마늘, 생강을 넣어 골고루 버무린 후 2시간 정도 절인다.

06 무에 간이 들면 3등분으로 나눠 각각 시금치물, 고춧물을 들이고 나머지는 하얗게 그대로 둔다.

07 접시에 동그랗게 타래지어 보기 좋게 담고 무순으로 장식한다.

4

5

6

 김치 담그기 포인트
tip 보라색 비트, 노란 치자 등 자연에서 얻을 수 있는 여러 색소를 사용하여 좀 더 다양한 색의 초절임을 할 수 있으며, 채썰기가 힘든 경우에는 깍두기 모양으로 썰어 초절임을 하여도 좋다.

생강초절임

연근초절임

연근·생강초절임의 효능

연근은 피로회복과 빈혈, 위궤양, 위염에 효과가 있으며 독성물질에 대한 중화작용을 한다. 껍질을 벗겨 공기 중에 그대로 두면 색이 검게 변하므로 반드시 식촛물에 담가 요리해야 색을 그대로 유지할 수 있다. 또한 생강에는 단백질 분해효소가 들어 있어 고기나 생선을 먹은 후 소화가 잘 되도록 하며 특히 항균작용이 있으므로 생선회에 자주 곁들여진다.

중화작용과 항균작용을 하는 새콤한

연근·생강초절임

연근초절임

재 료

연근 2개, 홍고추 1개, 생강 1쪽
초절임 국물 : 식초 1컵, 설탕 1/2컵, 소금 2큰술, 다시마 국물 1컵

만드는 법

01 연근은 양끝 부분을 잘라내고 깨끗이 씻어 필러를 사용하여 껍질을 벗겨낸 다음 0.5cm 두께로 썰어 식촛물에 담가둔다.

02 연근의 테두리 부분을 꽃모양으로 깎아내고 끓는 물에 소금과 식초를 넣어 2분 정도 삶아 찬물에 식혀 건진다.

03 홍고추는 링으로 썰고, 생강은 편으로 썰어놓는다.

04 분량의 식초, 설탕, 소금, 다시마 국물을 섞어 끓인 후, 식으면 연근, 홍고추, 생강을 넣어 맛이 배도록 재어둔다.

생강초절임

재 료

생강 400g, 소금 1큰술
초절임 국물 : 식초 1/2컵, 설탕 1/4컵, 소금 1큰술, 다시마 국물 1/2컵

만드는 법

01 생강은 겉껍질을 벗기고 모양대로 얇게 썰어 소금으로 버무려 살짝 절인다.

02 절여진 생강은 물에 헹궈 끓는 물에 소금을 조금 넣고 10초 정도 데쳐 찬물에 식혀 건진다.

03 냄비에 분량의 식초와 설탕, 소금, 다시마 국물을 넣고 끓으면 불을 끄고 식힌다.

04 준비된 초절임 국물에 생강을 넣고 재어두었다가 하루 정도 지나면 냉장고에 보관한다.

김치 담글 때 필요한 양념

꽃소금 흰소금, 가는 소금이라고도 부르며 굵은 소금을 정제하여 불순물을 제거한 것으로, 김치 속이 싱거울 때 간을 맞추는 데 사용한다. 굵은 소금에 비해 불순물이 없으며 배추를 절일 때는 사용하지 않는다.

굵은 소금 호염, 천일염이라고도 부르는 굵은 소금은 흰빛이 나는 꽃소금에 비해 회색빛이 돌고 입자가 매우 굵다. 배추나 무를 절일 때 사용하며 간수가 빠진 소금을 사용해야 배추에 쓴맛이 나지 않는다. 굵은 소금 안에 남아 있는 칼슘, 마그네슘 등의 무기질이 배추를 절일 때 배추 조직을 단단하게 해 주어 김치가 익어도 무르지 않게 된다.

설탕 김치 속을 만들 때 설탕을 약간 넣어주면 짭짤한 젓국 맛과 조화를 이루어 감칠맛이 난다. 하지만 너무 많이 넣으면 단맛이 진해지고 끈적거리며 배추가 쉽게 무르는 요인이 될 수 있으므로 양에 주의하여 사용하는 것이 좋다.

그린스위트 무설탕 저칼로리 감미료로서 설탕 5배의 감미도를 갖고 있다. 적은 양으로도 강한 단맛을 낼 수 있어 설탕 대용으로 사용할 수 있다. 설탕의 단점인 김치 국물이 걸쭉해지는 점을 보완할 수 있으나 설탕에 비해 맛이 조금 떨어진다.

굵은 고춧가루 고춧가루는 김치를 담글 때 빠지지 않는 양념의 하나로 흔히 우리나라 사람들의 매운 근성과도 자주 비교되는 양념이다. 임진왜란 이후 고추가 우리나라로 들어오면서부터 김치에 사용되기 시작했다. 서양 고추는 매운맛이 매우 강하지만 뒷맛이 없는 반면 우리나라 고추는 달착지근하면서도 매운맛이 오래 여운을 남긴다. 김치를 담글 때는 입자가 굵은 고춧가루를 사용하는 것이 색도 맛깔스러우며 오래 저장하기에 좋다.

고운 고춧가루 나박김치 같은 물김치 종류의 국물을 곱고 깨끗하게 만들 때나 생채 등을 무칠 때에 가루의 입자가 작으므로 색이 곱게 들고 깔끔하게 요리된다. 냉면에 사용되는 양념과 고추장을 담글 때도 고운 고춧가루를 사용하며, 버무림 김치에는 사용하지 않는다.

홍고추 간것 홍고추의 꼭지를 떼고 속의 씨를 대충 턴 다음 믹서에 갈아 사용하며 이것을 김치에 넣으면 산뜻한 매운맛과 함께 고운 빛깔을 얻을 수 있다. 고춧가루의 빛깔이 예쁘지 않을 경우 같이 사용하면 좋으며 특히 여름김치에는 홍고추 간 것을 넣어 버무리면 훨씬 먹음직스러운 모양의 김치를 담글 수 있다.

마늘 마늘을 쪼갰을 때 한 통에 여섯 쪽이 붙어 있고 보랏빛의 윤기나는 껍질이 있는 육쪽 마늘을 최고로 친다. 알이 단단하며 쪽의 크기와 모양이 일정하고 쪽과 쪽 사이의 골이 확실하게 구분지어진 것이 좋은 마늘이다. 특히 마늘에 함유되어 있는 알리신의 성분은 쌀밥을 주식으로 하는 우리나라 사람에게는 반드시 필요한 것으로 탄수화물을 에너지원으로 이용할 수 있게 해 주는 비타민 B_1의 흡수를 도와주는 역할을 한다.

생강 알이 굵고 마디를 끊어보았을 때 가느다란 실이 없는 것이 좋으며 매운맛이 강한 것이 김장용으로 적당하다. 국산 생강은 수입산에 비해 크기가 작고 흙이 많이 묻어 있으며 매운맛과 향이 강하여 김치를 담기에 적당하다. 너무 많이 넣으면 쓴맛이 나므로 마늘 분량의 1/3 이하로 사용하는 것이 좋다. 살균 작용과 방부작용을 가지고 있어 김치가 상하는 것을 방지해 주며 냄새를 제거해 주는 효능 때문에 생선의 비린내나 육류의 누린내 제거에도 많이 사용된다.

대파 굵은 파인 대파는 뿌리 쪽을 만져 보았을 때 단단하고 흰 줄기 부분에 윤기가 나는 것을 고른다. 양념에 사용하는 부분은 줄기의 흰 부분만을 다져서 사용하고 김치에 사용할 때는 다지는 것보다는 채를 썰어 넣는 것이 진액이 나오는 것을 방지할 수 있어 깔끔하게 김치를 담글 수 있다. 다져놓은 파는 다진 마늘에 비해 빨리 상하게 되므로 바로 사용할 양 만큼만 다져놓는 것이 좋다.

쪽파 진액이 적기 때문에 김치 양념으로는 대파보다 쪽파가 더 많이 쓰인다. 쪽파를 고를 때는 머리 부분이 통통하고 둥글며, 잎이 짧고 가늘며 부드러운 것을 선택한다.

양파 들어 보았을 때 부피에 비해 약간 묵직하고 표면이 단단하게 여문 것이 양질의 양파이다. 양파는 시원하고 달콤한 맛을 내지만 물이 많이 생기고 배추를 쉽게 무르게 하므로 적은 양을 넣는 것이 좋으며 김장처럼 오래 저장해 두고 먹어야 하는 김치에는 넣지 않는 것이 좋다.

김치 담글 때 필요한 젓갈

추젓

오젓

육젓

새우젓 서해안에서 주로 생산되며 멸치액젓과 더불어 김치를 담글 때 가장 많이 쓰는 젓갈로, 젓갈을 담그는 계절에 따라 부르는 이름이 각각 다르다.
새우젓의 종류에는 산란기인 음력 6월에 담가 맛이 좋고 오래 저장할 수 있는 육젓, 가을에 담가 잡어가 많이 섞이고 충분히 삭지 않은 추젓, 음력 5월에 담근 살이 단단하지 않고 붉은빛이 도는 오젓이 있는데, 김장에는 대부분 육젓과 추젓을 섞어 쓴다.
새우젓은 잡어가 섞이지 않고 새우살이 통통하며 맑은 연분홍색을 띠고 껍질이 얇으며 뽀얀 젓국이 많은 것이 좋다.
그 외 음력 9~10월에 담근 것은 동백젓, 동짓달에 담근 것은 동젓이라고 하며 논이나 저수지에서 잡은 검은빛이 나는 민물 새우로 담근 것을 토하젓이라고 한다.

멸치생젓 김치를 담글 때 대표적인 젓갈로 없어서는 안 되는 양념인 멸치생젓은, 가을에 담근 추젓보다는 봄에 담근 춘젓이 더욱 맛이 좋으며 특히 추자도에서 잡은 멸치로 담근 것을 최상품으로 여긴다.
김치에 사용하는 것은 충분히 삭아 형태가 거의 남아 있지 않은 것이 좋으며 그대로 사용하지 않고 충분히 달여 체에 밭쳐 건더기는 버리고 국물만 사용하도록 한다. 덜 삭아 멸치의 형태가 그대로 있는 것은 청양고추와 갖은 양념을 하여 밑반찬으로도 이용할 수 있다.
비린내가 나지 않고 단내가 나는 것이 좋으며 비늘이 적고 뼈와 머리가 완전히 붙어 있는 것이 맛도 좋고 영양가도 높다. 갓김치, 부추김치, 파김치, 고들빼기김치처럼 양념을 진하게 쓰는 김치에 사용하면 한결 깊은 맛을 준다.

삭힌 멸치젓

멸치액젓 푹 곰삭은 멸치젓을 냄비에 담고 물을 부어 팔팔 끓여 식힌 다음 채반에 면보를 깔고 부어 깨끗한 국물만 걸러 사용한다(물 4컵에 멸치젓 2컵이 적당하다). 멸치젓을 달여 걸러야 하는 과정 자체가 번거로우면 시중에 나와 있는 제품을 구입하여 간편하게 사용할 수 있는데 직접 달인 멸치액젓보다 색이 맑으며 비린내가 적다. 김치나 겉절이, 나물무침에 약간 넣어도 감칠맛을 더해 준다.

황석어젓 노란 기름기가 도는 것이 잘 삭은 것으로 5·6월에 잡힌 황석어가 맛이 좋다. 오래 삭을수록 좋으므로 구입할 때 충분히 삭은 것인지 확인하도록 하며 김치에 넣을 때는 몸통을 토막내 김치 속과 함께 섞어 넣고 머리는 달여 국물을 밭쳐 사용하는 것이 좋다. 갖은 양념에 무쳐서 그대로, 또는 쪄서 밑반찬으로 이용되기도 한다. 김장김치에 주로 사용하며 김치의 구수한 뒷맛을 낸다.

갈치젓 생젓은 싱싱한 잔갈치를 통째 사용하거나 토막내 소금을 켜켜로 뿌려서 담근다. 김치를 담글 때 필요한 젓국은 일년 이상 숙성시켜야 얻어진다. 싱싱한 갈치의 내장으로 담그는 갈치속젓은 전라남도와 경상남도 지방에서 김치를 담글 때 많이 사용한다. 비린내가 강하지만 감칠맛이 있어 잘 삭은 것은 고들빼기 같은 김치에 넣어 곰삭은 맛과 진한 맛을 낸다. 남도지방에서는 싱싱한 생갈치를 그대로 토막 내 김치에 넣기도 한다.

까나리액젓 까나리젓을 오래 두면 맑은 젓국이 위에 뜨는데 이 생젓국을 까나리액젓이라 한다. 김치나 겉절이, 나물무침에 약간 넣어도 감칠맛을 더해 준다. 멸치액젓과 비슷하나 맛이 상큼하고 비린내가 많이 나지 않는다.

밴댕이젓 청어과의 물고기로 봄에 담가 가을에 먹어야 제맛이 난다. 흔히 속이 좁은 사람을 일컬어 '밴댕이 소갈머리같다.'라고 하는데 밴댕이의 내장이 워낙 작기 때문에 유래된 것이다. 밴댕이와 소금은 3:2의 비율로 섞는 것이 적당하며 뼈째 먹을 수 있어 단백질과 칼슘의 보충에 더없이 좋으나 비린내가 강하기 때문에 향이 강한 양념으로 버무려 먹는다. 김치 담글 때보다는 주로 밑반찬으로 이용하는 것이 좋다.

감동젓 서해의 강화도나 황해도에서 생산되는 연한 자주빛이 나는 매우 작은 새우로 담근 것으로 곤쟁이젓이라고도 부른다. 부추김치에 넣으면 깊은 맛을 내며 무김치를 담글 때도 많이 사용되어 감동젓 무김치라는 이름으로 특히 유명하다. 김치뿐 아니라 찌개, 국의 간을 맞추거나 호박 등의 나물을 볶을 때도 소금 대신 사용하면 감칠맛이 난다.

Kimchi

Section 4

몸에 좋은 재료로 만든 특별한
건강김치

오미자물김치 | 매실무말이김치 | 연근김치 | 양파김치
우엉김치 | 통도라지 · 수삼김치 | 취나물김치

오미자의 효능

단맛, 쓴맛, 짠맛, 신맛, 매운맛의 5가지 맛이 난다고 해서 오미자(五味子)라는 이름으로 불리며 그 중에서도 신맛이 가장 강하다. 여름철 갈증을 해소할 수 있는 음료로 예로부터 애용되어 왔으며 혈압을 내려주며 심장과 폐를 강하게 하고 기침을 멎게 해 준다. 면역기능을 높여주기도 한다.

여름철 갈증을 해소해 주는 새콤한
오미자물김치

 재료 오미자 100g, 끓인 물(70℃의 온도) 5컵, 더덕 400g, 소금물(소금 1큰술, 물 1컵), 쪽파 1/4단, 마늘 1/2통, 생강 1쪽, 소금 1.5큰술

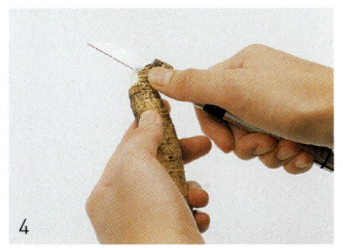

 만드는 법

01 오미자는 굵기가 고르고 색이 선명한 것으로 골라 물에 한 번 살짝 헹군다.

02 팔팔 끓인 물을 70℃ 정도(손가락을 넣었을 때 뜨거운 정도로 끓인 후 3분 정도 지나서)로 식혀놓고 유리볼에 오미자를 담아 물을 붓고 4시간 이상 국물을 우려낸다.

03 국물이 빨갛게 우러나면 면보에 깨끗이 걸러 건더기는 버리고 국물만 준비해서 소금으로 간을 한다.

04 더덕은 껍질째 깨끗이 씻어 살짝 구워 겉껍질을 돌려깎아 제거한다. 이렇게 하면 더덕의 끈적한 진이 나오지 않아 깨끗하게 껍질을 벗길 수 있다.

05 더덕이 굵으면 반 가르고, 가는 것은 그대로 준비해서 방망이로 자근자근 두들겨 소금물에 30분 정도 담가둔다.

06 쪽파는 더덕과 같은 길이로 썰고, 마늘과 생강은 편으로 썰어 놓는다.

07 더덕의 쓴맛이 제거되면 건져 물에 헹궈 쪽파와 같이 통에 담고 마늘과 생강 편을 사이사이에 놓은 다음 오미자 국물을 부어 하루 정도 상온에서 익힌 후 냉장고에 넣어 보관한다.

매실의 효능

매화나무의 열매로서 유기산이 많이 함유되어 있어 피로회복에 좋으며 간 기능을 회복시켜 주고 소화불량, 변비에 효과가 있다. 또한 음식물 등의 독성을 분해하는 성질이 있어 식중독의 예방에도 좋으며 신진대사를 원활하게 해 주어 피부 미용에도 매우 좋다. 표면에 상처가 없고 푸른빛이 비교적 선명하게 도는 것으로 크기가 지름 4cm 정도인 약간 큰 것을 고르는 것이 좋다.

유기산이 함유되어 피로회복에 좋은
매실무말이김치

 재료

절이기 : 무 1개, 소금물(소금 1/2컵, 물 3컵)
오이 4개, 당근 1개, 배 1/2개, 새우젓 2큰술, 소금 약간, 마늘 1통, 생강 1쪽, 매실청 1/2컵, 황기 2개, 물 5컵

 만드는 법

01 무는 7cm 길이로 썬 다음 얇고 길게 돌려깎아 20cm 정도의 길이로 자른다.

02 분량의 소금물에 01을 1시간 정도 절인다.

03 오이는 7cm 길이로 돌려깎아 굵게 채썰고, 당근도 오이와 같이 채썰어 소금에 살짝 절인다.

04 배는 강판에 갈아 즙을 준비하고, 마늘과 생강은 얇게 저민다.

05 절여진 무를 펼쳐 놓고 여기에 오이, 당근을 얹고 풀리지 않도록 돌돌 만다.

06 냄비에 황기와 분량의 물을 넣어 30분 정도 은근히 끓이다가 매실청을 넣는다.

07 국물이 다시 한번 끓으면 황기를 건져내고 식힌 후, 새우젓 국물과 소금으로 간을 해서 김치 국물을 만든다.

08 용기에 말아놓은 무를 차곡차곡 담고 저민 마늘과 생강을 틈틈이 넣어 준 다음 준비해 놓은 국물을 붓는다.

09 하루 정도 상온에 보관하였다가 냉장고에 넣어두고, 먹을 때는 한입 크기로 썰어 그릇에 담아 낸다.

연근의 효능

비타민 C가 풍부하며 칼륨과 섬유질의 함량도 높아 체내 쌓여있는 노폐물을 배출시켜주는 역할을 한다. 특히 연근에 함유된 뮤신이라고 하는 성분은 위벽을 보호해 위장장애를 예방해 주며 콜레스테롤의 수치를 낮춰주어 성인병 예방에도 도움이 된다.

위장병, 성인병을 예방해 주는
연근김치

 재료 연근 2개, 마늘종 100g, 비트 1/2개, 물 6컵, 소금 2큰술, 새우젓 2큰술, 설탕 1큰술, 생강 1쪽

 **만드는 법**

01 연근은 양 끝부분을 자르고 깨끗이 씻어 필러를 사용하여 겉껍질을 벗긴다.

02 마늘종은 굵기가 가는 것으로 구입하여 끝부분의 속이 빈 마디를 잘라내고 연근의 길이에 맞춰 썰어놓는다.

03 비트는 껍질을 벗기고 강판에 갈거나 잘게 썰어 약간의 물을 첨가하여 믹서에 갈아 걸러 진한 보랏빛의 즙을 만들어 둔다.

04 비트즙에 분량의 물과 소금, 새우젓 국물, 생강을 넣고 설탕으로 맛을 내 김치 국물을 준비한다.

05 연근을 통째로 보라색 김치 국물에 담가 속까지 색과 간이 들도록 일주일 정도 둔다.

06 연근의 구멍 속에 마늘종을 군데군데 집어 넣는다.

07 먹을 때는 0.5cm 두께로 둥글게 썰어 약간의 국물을 곁들여 낸다.

 김치 담그기 포인트
연근의 껍질을 벗기면 색이 금방 검게 변하지만, 산성에서는 흰색을 그대로 유지하므로 식촛물에 담가두면 변색을 방지할 수 있다.

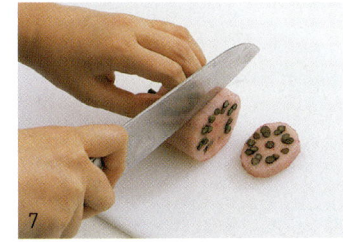

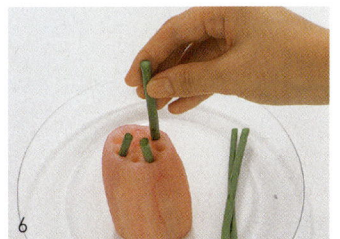

양파의 효능

양파는 자체에서 나는 독특한 향의 원인물질인 황화합물에 의해 식욕이 촉진되고 소화가 잘 되며 칼륨이 다량 함유되어 이뇨작용을 하므로 체내 노폐물을 제거해 준다. 또한 각종 비타민과 함께 칼슘, 인산 등의 무기질이 함유되어 있으므로 혈액 중의 유해물질을 제거하여 혈액을 깨끗하게 해 주는 역할을 한다.

식욕이 촉진되고 소화가 잘 되는
양파김치

재료
절이기 : 양파(중간 크기) 10개, 소금물(굵은 소금 1/2컵, 물 3컵)
무 1/8개(200g), 쪽파 5뿌리, 마늘 1/2통, 생강 1쪽, 고춧가루 1/4컵, 새우젓 2큰술, 설탕 1작은술, 소금 약간

만드는 법

01 양파는 중간 크기의 모양이 매끄러운 것으로 골라 겉껍질을 벗기고 뿌리쪽을 향해 1cm 정도만 남기고 3~4번 정도 칼집을 넣는다.

02 칼집 넣은 양파는 소금물에 2시간 정도 절여 소를 넣기 적당한 상태가 되도록 한다.

03 무는 깨끗이 씻어 4cm 길이로 채 썰고, 쪽파는 무와 같은 길이로 썬다.

04 마늘과 생강은 곱게 다지고 새우젓도 다져서 국물과 건더기를 같이 준비한다.

05 무에 고춧가루를 버무려 색이 빨갛게 들면 쪽파, 다진 마늘, 생강, 새우젓을 넣고 설탕으로 맛을 낸다. 부족한 간은 소금으로 하여 소를 만든다.

06 양파의 칼집 넣은 부분을 조심스럽게 벌리고 준비한 소를 꼭꼭 채워 넣은 다음 겉부분을 실로 묶어 고정시킨다.

07 하루 정도 두었다가 냉장고에 넣어 보관하고 익으면 적당한 크기로 썰어 접시에 담는다.

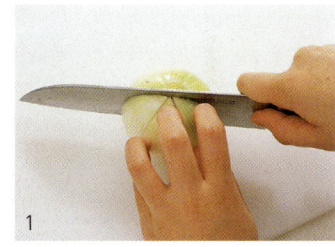
1

2

6

tip 김치 담그기 포인트
양파에 너무 깊숙이 칼집을 넣으면 부서지기 쉬우므로 크기에 따라 칼집의 깊이를 조절한다.

우엉의 효능

우엉에는 과당의 결합체인 이눌린이라는 당질이 많이 들어 있다. 뿌리채소로 섬유질이 풍부하여 변비를 예방해 주고, 이뇨작용을 도와주어 몸의 부기를 제거해 준다. 표면에 상처가 없고 매끈한 것을 고르며, 중간 굵기의 것으로 들어 보았을 때 크기에 비해 약간 묵직한 것이 좋다. 껍질을 벗기면 색이 금방 변하므로 물 속에 넣고 껍질을 벗기는 것이 좋다.

당질과 섬유질이 풍부한
우엉김치

재료

절이기 : 우엉 1kg, 소금물(굵은 소금 1/2컵, 물 3컵)

쪽파 1/4단, 고춧가루 1/2컵, 새우젓 1큰술, 멸치액젓 1/4컵, 찹쌀풀(찹쌀가루 1/4컵, 물 1컵)
설탕 1/2큰술, 소금 약간, 통깨 약간, 마늘 1/2통, 생강 1쪽

만드는 법

01 우엉은 칼등으로 겉껍질을 긁어내거나 필러를 사용하여 껍질을 벗긴다.

02 우엉을 0.5cm 두께로 어슷하게 썰어 식촛물에 한번 헹궈 검게 우러난 물을 버리고 분량의 소금물에 1시간 정도 절인 후 물에 씻어 물기를 빼놓는다.

03 쪽파는 다듬어 3cm 정도 길이로 썰어놓고, 마늘과 생강은 다진다.

04 찹쌀가루는 약간 묽게 풀을 쑤어 차갑게 식힌다.

05 새우젓은 곱게 다져 멸치액젓과 함께 고춧가루에 버무리고, 찹쌀풀과 다진 마늘, 다진 생강, 설탕을 넣어 골고루 버무려 양념을 준비한다.

06 절여진 우엉에 양념을 넣고 잘 버무려 간이 골고루 배도록 한 다음, 쪽파와 통깨를 넣고 버무려 통에 담는다.

김치 담그기 포인트
우엉 자체에 수분이 많지 않으므로 김치 양념이 너무 되지 않도록 물이나 액젓으로 부드럽게 농도를 조절하는 것이 좋다.

통도라지김치

수삼김치

도라지의 효능

특유의 향을 지닌 뿌리채소로 쌉쌀한 맛이 식욕을 증진시켜 준다. 한방에서 약용으로도 많이 쓰이며 비타민과 무기질이 함유되어 있다. 거담, 해열, 진통 등의 약리 작용을 가지고 있으며 특히 쌉쌀한 맛을 내는 주성분인 사포닌은 예전에는 설사를 유발한다고 많이 알려져 왔으나 최근에는 약리작용에 대한 다양한 연구가 이루어지고 있다.

수삼의 효능

강장제로서 널리 알려진 수삼은 특히 우리나라에서 재배된 것이 세계적으로도 품질의 우수성을 인정받고 있다. 여름철 땀을 많이 흘려 기력이 떨어질 때 몸을 보호해 주기 위하여 닭과 함께 넣어 삼계탕으로도 많이 이용되며 대추, 밤 등과 함께 달여 음료로 상용하기도 한다.

식욕을 증진시켜 주고 몸을 보호해 주는
통도라지·수삼김치

통도라지김치

재 료

절이기 : 통도라지 800g, 소금물
(굵은 소금 1/4컵, 물 2컵)
고춧가루 1/2컵, 멸치액젓 1/3컵,
찹쌀풀(찹쌀가루 1/4컵, 물 1/2컵),
대파 1대, 마늘 1통, 생강 1쪽,
설탕 1큰술, 통깨 1큰술

만드는 법

01 통도라지는 살살 문질러 깨끗이 씻은 다음 겉껍질을 얇게 벗겨낸다.
02 도라지가 굵은 것은 반 가르고 가는 것은 그대로 준비하여 소금물에 담가 1시간 동안 절인다.
03 절여진 도라지는 물에 헹궈 방망이로 살짝 두드려 질기지 않도록 해 둔다.
04 분량의 고춧가루에 멸치액젓, 찹쌀풀을 넣어 잘 섞고 여기에 다진 대파·마늘·생강을 넣고 설탕으로 맛을 내 양념을 준비한다.
05 손질한 도라지에 양념을 넣어 골고루 버무리고 통깨를 넣어 섞는다.

수삼김치

재 료

절이기 : 수삼 800g, 소금물(굵은
소금 1/4컵, 물 2컵)
고춧가루 1/4컵, 멸치액젓 2큰술,
마늘 1/2통, 생강 1쪽,
설탕 1/2큰술, 소금 약간

만드는 법

01 수삼은 3년근 정도 되는 것으로 마르지 않은 것을 골라 잔털이 상하지 않도록 조심해서 겉흙을 깨끗이 씻어낸다.
02 수삼을 길이로 반 갈라 소금물에 1시간 동안 담가 절인 다음 건져 씻어놓는다.
03 마늘과 생강은 다져놓는다.
04 고춧가루에 멸치액젓을 넣어 버무리고 다진 마늘·생강, 설탕, 소금을 넣어 간을 맞춘 다음 준비한 수삼에 넣어 골고루 버무린다.

취나물의 효능

취나물의 종류는 다양하나 그 중 참취는 향기가 가장 독특하여 식용으로 애용하고 있다. 자연산 취나물이 맛과 향이 우수하지만 최근에는 재배를 통하여 연중 아무 때나 구할 수 있다. 당질, 단백질, 섬유질과 함께 칼슘, 철분, 인 등 무기질과 비타민 A, B 등이 함유되어 있으며 감기, 두통, 진통 등에 효과가 있어 한약재로도 많이 이용된다. 또한 최근에는 자연에서 채취한 산나물이 암을 예방하는 데도 효과가 있어 건강식으로도 많이 애용되고 있다.

맛과 향이 독특한
취나물김치

재료

절이기 : 참취나물 400g, 소금물(굵은 소금 1/4컵, 물 2컵)
고춧가루 1/4컵, 멸치액젓 1/4컵, 대파 1대, 마늘 1통, 생강 1쪽, 밤 4개, 홍고추 2개, 찹쌀풀(찹쌀가루 1/4컵, 물 1/2컵)

🌶 만드는 법

01 참취나물은 상한 잎은 골라내고 줄기 끝부분은 다듬어 흐르는 물에 여러 번 씻어 건져 물기를 뺀다.

02 분량의 소금물에 취나물을 담가 30분 정도 절인 다음 물에 헹궈 준비한다.

03 찹쌀가루는 너무 되지 않도록 풀을 쑤어 놓는다.

04 대파는 3cm 길이로 곱게 채썰고, 마늘과 생강도 채를 썬다.

05 밤은 속껍질을 벗겨 채썰고, 홍고추도 씨를 제거한 후 채썰어 놓는다.

06 고춧가루에 멸치액젓, 찹쌀풀을 넣어 촉촉해지면 채썰어놓은 대파, 마늘, 생강, 밤, 홍고추를 넣고 골고루 섞는다.

07 참취나물을 2장씩 겹치고 양념을 골고루 발라 켜켜이 얹어 통에 담는다.

김치 담그기 포인트
tip
취나물김치를 담글 때 깻잎 모양을 닮은 곰취를 사용해서 김치를 담가도 몸에 좋은 독특한 김치를 만들 수 있다.

김치에 대한 궁금증 몇 가지… Q&A

Q1 배추를 절이는데 꼭 굵은 소금을 넣어야 하나요?

　배추를 절이는 소금은 호염(천일염, 굵은 소금)이라 부르며 꽃소금에 비하여 회색빛이 돌고 입자가 굵다. 색이 진한 것은 그만큼 불순물이 많다는 뜻인데, 그럼에도 불구하고 굵은 소금을 사용하는 이유는 바닷물이 증발되고 남은 소금에는 마그네슘이나 칼슘 같은 바닷물에 함유되어 있는 무기질 성분이 남아 있어 배추를 절였을 때 배추 조직이 쉽게 무르지 않도록 해 주어 김치가 익은 후에도 단단하게 유지되기 때문이다.
　꽃소금은 불순물을 거의 다 정제한 것으로 칼슘과 마그네슘이 제거되어, 꽃소금으로 배추를 절이면 시간이 오래 지난 후 배추가 흐물거리거나 익은 후에 쉽게 물러지므로 김치를 담기 위해 절일 때는 반드시 굵은 소금을 써야 한다.

Q2 맑은 젓국을 만들려면?

　물김치, 백김치 등 국물이 맑은 김치를 담글 때는 젓국이 맑아야 맛깔스럽고 깨끗하게 보인다. 깨끗한 젓국을 만들려면 우선 멸치젓(멸치젓 2컵 : 물 4컵)을 냄비에 넣고 끓이다가 도중에 달걀 흰자를 풀어서 넣는다. 달걀 흰자가 굳으면서 불순물이 엉겨 붙는데 이것을 고운 체에 거르거나 거즈에 거르면 맑고 투명한 액젓을 만들 수 있다.

Q3 채칼과 칼로 썬 무채의 차이점은?

　김장철에 흔히 사용하게 되는 채칼로 무를 썰면 편리하기는 하지만 무채가 너무 얇아지고 섬유질이 으깨져서 물이 많이 생긴다. 또한 김치의 모양도 자칫하면 지저분해지기 쉬우므로 힘들더라도 일반 칼로 채를 써는 것이 깔끔하고 씹히는 맛도 좋다.

Q4 김치를 시지 않도록 맛있게 보관하려면?

김치맛은 김치통에 보관하는 방법과 관계가 있다. 김치를 맛있게 보관하려면 김치통 밑에 무를 토막 내어 깔아준 다음 켜켜로 무토막과 파채를 얹고 소금을 약간 뿌려준다. 김치는 용기의 80% 정도만 담고 무청잎 절인 것이나 배추 우거지를 위에 덮고 5℃에서 15~20일간 익힌 다음 0℃를 계속 유지하여 보관하는 것이 좋다.

김치 냉장고에 보관할 경우에는 20℃(실온)에서 하루 정도 두었다가 냉장고에 보관한다. 빨리 익은 김치를 맛보고 싶을 경우에는 상온에서 하루 정도 더 두어도 되지만 더운 여름철에는 김치가 빨리 시어지므로 주의하는 것이 좋다.

Q5 여름철 무로도 아삭한 깍두기를 만들 수 있나요?

가을철에 나는 무는 인삼에 비교될 만큼 몸에도 좋고 맛도 좋으나 여름철 무는 무르고 수분이 많으며 가을 무에 비해 맛이 없다. 이처럼 맛이 덜한 무는 깍뚝썰기하여 배와 무, 마늘을 갈아 즙을 내고 설탕 약간과 소금을 넣어 살짝 절인다. 절여진 무의 수분을 빼주고 배와 설탕의 당분을 침투시키면 맛있고 아삭아삭하며 끝까지 무르지 않는 맛있는 깍두기가 완성된다.

Q6 김치를 군내 없이 끝까지 맛있게 먹으려면?

김치를 용기에 담은 후 국물을 위에까지 잠기게 부어 미생물이나 공기가 들어가지 않도록 한다. 용기를 바꾸거나 자꾸 들추면 맛이 변하므로 작은 용기에 조금씩 나누어 담으면 김치와 접촉하는 공기를 최소한으로 줄일 수 있어 끝까지 김치를 군내 없이 맛있게 먹을 수 있다. 또한 김치를 꺼낼 때 손에 물기를 없애야 하고 위부터 차례대로 꺼내며, 꺼낸 다음에는 위를 꾹꾹 눌러 준 다음 남은 김치가 국물 속에 푹 잠기도록 하고 뚜껑을 닫아야만 공기와의 접촉이 없어 변하지도 않고 아삭아삭한 김치의 맛을 오래 보관할 수 있다.

Q7 동치미를 시원하고 맛있게 담그려면?

　우선 무의 선택이 중요한데 싱싱한 것으로 윗부분이 파랗지 않고 중간 크기보다 약간 작은 것으로 잔털이 많지 않은 단단한 질감의 무를 고르는 것이 좋다. 국물에는 배 또는 유자 등의 과실을 넣으면 국물 맛이 달고 시원해지며, 청각, 갓 등을 넣으면 국물의 향이 매우 좋다. 꼭 빠져서는 안될 재료로 양파와 대파 뿌리를 깨끗이 씻어 넣어주면 국물의 맛이 정말 시원해진다.
　무를 통째로 담그므로 속까지 익는데 시간이 걸려 김장을 담글 때 가장 먼저 담그는 것이 동치미이다. 무거운 돌로 눌러두어 항상 국물에 잠겨 있게 해야 골마지가 끼지 않으며, 다른 김치보다 더 낮은 온도에서 서서히 익혀야 국물이 맑고 맛도 더 좋다. 김장철에만 동치미용 무가 나오므로 평상시에는 총각무를 이용하거나 큰 무를 적당한 크기로 썰어 조금씩 담가 먹으면 오래 익히지 않고도 금방 익혀 먹을 수 있다.

Q8 백김치를 맛있게 담그려면?

　백김치는 고춧가루를 넣지 않기 때문에 맛내기가 쉽지 않다. 배추의 선택이 중요한데 고소하고 잎이 억세지 않은 것으로 골라 일반 배추김치를 담글 때보다는 약간 덜 절여야 한다. 빨리 시어질 우려가 있으므로 한꺼번에 많이 담그지 말고 먹을 만큼 조금씩 담그는 것이 좋으며, 여름에 담글 때는 속재료를 많이 넣지 않아야 빨리 시어지지 않는다. 가을에는 갓을 넣는데 붉은 갓을 넣으면 국물 색이 분홍빛으로 우러나므로 독특하고 예쁜 빛깔의 국물을 만들 수 있다.
　백김치는 담백하고 시원한 맛으로 먹는 김치로 젓갈은 넣지 않거나 비린내가 적은 새우젓을 다져 국물만 짜서 사용하는 것이 좋다. 국물에 풀을 멀겋게 쑤어서 넣고 소금으로 간을 해서 김치 국물을 만들어 부어야 맛이 깔끔하고 군내가 나지 않는다.

김치를 이용해 만든 다양한 별미요리

recipe 김치볶음밥 *

만드는 법

1. 익은 김치는 속을 털어내어 1cm 정도 크기로 다지고, 양파, 양송이버섯, 피망, 홍고추도 같은 크기로 썬다.
2. 팬에 버터와 식용유를 두르고 김치와 양파를 넣어 볶다가 찬밥을 넣고 보슬보슬하게 볶는다.
3. 여기에 양송이버섯, 피망, 홍고추를 넣어 볶다가 김치 국물을 넣어주고 국물이 없도록 볶는다.
4. 마지막에 소금, 후추, 참기름과 통깨를 넣어 맛을 낸 후 접시에 담아낸다.

● 재료
익은 김치 400g, 김치 국물 1/2컵, 찬밥 4공기, 양파 1개, 양송이버섯 4개, 피망 1개, 홍고추 2개, 버터 2큰술, 식용유 2큰술, 참기름 1큰술, 통깨 1/2큰술, 소금·후추 약간씩

recipe 김치굴영양밥 *

만드는 법

1. 익은 김치는 속을 털어내어 3cm 길이로 썰고, 굴과 콩나물도 각각 손질해 놓는다.
2. 대추는 씨를 빼서 적당한 크기로 썰어놓고, 표고버섯도 먹기 좋은 크기로 썬다.
3. 쌀은 깨끗이 씻어 냄비에 담은 후 김치, 굴, 콩나물, 대추를 얹고 김치 국물과 물을 섞어 밥물을 잡은 다음 뚜껑을 덮어 불에 올린다.
4. 밥이 끓어 국물이 거의 없으면 약한 불에 10분 정도 뜸을 들여 그릇에 담고, 간장, 파, 마늘, 참기름, 깨소금을 섞은 양념장을 곁들여 낸다.

● 재료
익은 김치 400g, 굴 200g, 콩나물 200g, 표고버섯 2장, 대추 4개, 쌀 3컵, 김치 국물 1/2컵, 물 3컵

recipe
김치그라탕 ✽

만드는 법

① 김치는 1cm 크기로 썰고 양파, 햄, 양송이버섯, 피망도 같은 크기로 썬다.
② 베이컨은 끓는 물에 한번 데치거나 구워 기름기를 제거한 후 같은 크기로 썬다.
③ 분량의 밀가루와 버터를 약한 불에 1분 정도 볶다가 우유를 조금씩 넣어 풀어 크림상태로 걸쭉하게 끓이고 소금, 후추로 간을 해서 화이트소스를 만든다.
④ 팬에 기름을 두르고 김치, 양파, 햄, 양송이버섯, 피망, 베이컨의 순서로 볶다가 찬밥을 넣어 볶은 후 화이트소스를 넣어 골고루 섞은 다음 그라탕 용기에 담는다.
⑤ 모차렐라 치즈를 올리고 220℃의 오븐에 10분 정도 구워낸다.

● 재료
김치 300g, 찬밥 3공기, 양파 1개, 베이컨 4조각, 햄 200g, 양송이버섯 4개, 피망 1개, 화이트소스(밀가루 3큰술, 버터 2큰술, 우유 2컵, 소금, 후추), 모차렐라 치즈 300g

---

recipe
김치부침개 ✽

만드는 법

① 김치는 속을 털어낸 다음 한입 크기로 썰어놓고, 양파는 채썬다.
② 풋고추와 홍고추는 어슷하게 썬다.
③ 우묵한 볼에 밀가루와 김치 국물, 물을 같이 섞고 거품기로 덩어리가 없도록 젓는다.
④ 여기에 썰어놓은 김치, 양파, 풋고추, 홍고추를 넣어 골고루 섞는다. 싱거우면 소금으로 간을 한다.
⑤ 팬에 기름을 넉넉히 두르고 반죽을 한 국자씩 떠서 놓고 한쪽 면이 바삭할 정도로 익으면 뒤집어서 노릇하게 익힌다.

● 재료
김치 400g, 밀가루 2컵, 김치 국물 1컵, 물 1컵, 양파 1/2개, 풋고추 2개, 홍고추 2개, 소금 약간

recipe 김치말이국수 *

만드는 법

① 김치는 새콤하게 익은 것으로 준비해서 속을 털어내고 잘게 썬 다음 설탕, 식초로 밑간을 한다.

② 사태 육수는 차게 식혀 면보에 걸러 기름기를 말끔히 걷어내고, 김치 국물과 함께 섞어 설탕, 식초, 소금으로 새콤달콤하게 간을 한다.

③ 소면은 끓는 물에 삶아 헹궈 타래를 지어 그릇에 담고, 양념한 김치를 얹는다.

④ 간을 한 국물(②)을 부어 낸다.

● 재료
김치 300g, 사태 육수 4컵, 김치 국물 4컵, 설탕 1/2컵, 식초 1/3컵, 소금 약간, 소면 500g

recipe 동치미말이국수 *

만드는 법

① 동치미 국물은 살짝 언 상태로 준비하고 사태 육수는 차게 식힌 다음 면보에 걸러 같이 섞는다.

② 여기에 설탕, 식초, 소금으로 간을 하여 국물을 준비한다.

③ 동치미 무는 굵직하게 채를 썰어놓는다.

④ 소면을 끓는 물에 2~3분 정도 삶아 헹구고 1인분 분량으로 타래를 지어 우묵한 그릇에 담고 동치미 무를 얹은 다음 간을 한 국물을 부어 낸다.

● 재료
동치미 국물 4컵, 사태 육수 4컵, 설탕 1/2컵, 식초 1/3컵, 소금 약간, 동치미 무 1/4개, 소면 500g

recipe
참치김치찌개 ✻

만드는 법

1. 참치통조림은 기름기를 빼서 받치고, 김치는 속을 털어 한입 크기로 썰어 다진 마늘·생강, 고춧가루, 국간장을 넣어 조물조물 주물러 밑간을 한다.
2. 양파는 채썰고, 대파, 풋고추, 홍고추는 어슷하게 썬다.
3. 냄비에 참치통조림에서 나온 기름을 두르고 김치를 넣어 3분 정도 달달 볶는다.
4. 여기에 양파를 넣어 같이 볶다가 분량의 물을 부어 뚜껑을 덮고 30분 이상 끓인다.
5. 김치가 부드럽게 무르면 참치를 넣고 살짝 끓이다가 대파, 풋고추, 홍고추를 넣고 소금으로 간하여 끓인다.

● 재료
참치통조림 1캔(250g), 김치 500g, 양파 1/2개, 대파 1대, 마늘 2쪽, 생강 1쪽, 고춧가루 2큰술, 풋고추 1개, 홍고추 1개, 물 5컵, 소금 약간, 국간장 약간

recipe
김치콩나물국 ✻

만드는 법

1. 김치는 속을 털어내고 물에 한번 씻어 짧게 썰어 준비하고, 콩나물은 꼬리를 떼서 깨끗이 씻는다.
2. 대파는 어슷하게 썰고, 마늘과 생강은 곱게 다진다.
3. 멸치는 머리와 내장을 제거해서 찬물에 다시마 한 조각을 같이 넣고 끓으면 건져내서 육수를 준비한다.
4. 냄비에 육수를 붓고 김치, 콩나물을 넣어 뚜껑을 덮고 끓으면 불을 줄여 15분 정도 은근히 끓인다.
5. 마지막에 대파, 마늘, 생강을 넣고, 새우젓과 국간장으로 간을 한다.

● 재료
김치 300g, 콩나물 200g, 대파 1대, 마늘 2쪽, 생강 1쪽, 다시마 1조각, 국물용 멸치 10마리, 물 5컵, 새우젓 1큰술, 국간장 1큰술

recipe 김치전골 ✽

만드는 법

① 김치는 속을 털어내고 폭 1cm, 길이 7cm 정도로 굵게 채를 썰고, 양파도 채썬다.
② 양송이버섯은 모양대로 저며 썰고, 대파와 풋고추, 홍고추는 길쭉하게 어슷썬다.
③ 우동면은 삶아 찬물에 헹궈 건져놓고, 쑥갓은 적당한 길이로 썬다.
④ 찬물에 손질한 멸치를 넣고 끓여 국물을 내고, 여기에 고춧가루, 국간장, 소금을 넣어 심심하게 간을 해 놓는다.
⑤ 전골냄비에 준비된 재료들을 보기 좋게 돌려 담고, 준비된 국물을 부어 끓여낸다.

● 재료
김치 400g, 양파 1개, 양송이버섯 5개, 대파 1대, 풋고추 2개, 홍고추 2개, 우동면 200g, 멸치 국물 3컵, 고춧가루 1큰술, 국간장·소금 약간

recipe 김치순대 ✽

만드는 법

① 김치는 속을 털어내고 가로로 절반 썰어 줄기와 잎을 구분해 놓는다.
② 김치 줄기부분은 곱게 다지고, 표고버섯, 당근, 양파도 다져놓는다.
③ 당면은 물에 불려 잘게 썰고, 갈아놓은 돼지고기에 다진 김치와 표고버섯, 당근·양파·대파·마늘·생강 다진 것을 넣고 소금, 깨소금, 후추, 참기름으로 양념하여 잘 치댄다.
④ 김치 잎의 한쪽 면에 밀가루를 묻히고 고기 반죽을 얹어 돌돌 만 다음 김이 오른 찜통에 넣어 12분 정도 찐다.

● 재료
김치 1쪽(1/4포기), 밀가루 약간, 표고버섯 5장, 당근 1/4개, 당면 80g, 돼지고기 300g, 양파 1/2개, 대파 1/2대, 마늘 2쪽, 생강 1쪽, 깨소금 1큰술, 소금·후추·참기름 약간

recipe
김치스파게티 *

만드는 법

① 김치는 물에 여러 번 헹궈 고춧가루를 말끔히 씻어낸다.
② 양파는 적당한 크기로 썰고, 양송이버섯, 홍피망, 베이컨도 비슷한 크기로 썰어놓는다.
③ 브로콜리는 끓는 물에 소금을 넣어 1분간 삶아 찬물에 식힌다.
④ 스파게티면은 끓는 물에 소금, 식용유를 넣고 12분 정도 삶아 찬물에 헹구지 않고 버터나 올리브기름으로 살짝 볶아 놓는다.
⑤ 팬에 베이컨을 넣어 볶다가 양파, 양송이버섯, 홍피망, 브로콜리의 순서로 볶고, 여기에 육수를 넣어 끓으면 생크림을 넣고 다시 끓인다.
⑥ 여기에 스파게티를 넣고 반 정도 졸인 다음 소금, 후추로 간을 한다.

● 재 료
김치 300g, 브로콜리 100g, 양파 1/2개, 양송이버섯 2개, 홍피망 1개, 베이컨 4장, 생크림 1컵, 육수 1컵, 스파게티면 200g, 소금·흰후추 약간

recipe
김치크로켓 *

만드는 법

① 김치는 곱게 다져 국물을 짜서 물이 흐르지 않도록 준비하고 양파·당근 다진 것과 함께 팬에 볶아 남은 물기를 없앤다.
② 감자는 삶아 껍질을 벗기고 식기 전에 으깨거나 체에 내려 볶아놓은 재료와 함께 섞어 소금과 후추로 간을 한다.
③ 위의 재료를 밤톨 크기 정도로 나눠 둥근 원통모양으로 빚어 놓는다.
④ 여기에 밀가루, 달걀 풀어 놓은 것, 빵가루의 순서로 묻혀 180℃ 정도의 기름에 노릇하게 튀긴다.

● 재 료
김치 300g, 감자 4개(600g), 양파 1/2개, 당근 1/4개, 소금·후추 약간씩, 달걀 2개, 빵가루 2컵, 밀가루 1컵, 튀김기름

찾아보기

고들빼기김치 • 59
고춧잎김치 • 73
김치굴영양밥 • 125
김치그라탕 • 126
김치말이국수 • 127
김치볶음밥 • 125
김치부침개 • 126
김치순대 • 129
김치스파게티 • 130
김치전골 • 129
김치콩나물국 • 128
김치크로켓 • 130
깍두기 • 33
깻잎김치 • 75
나박김치 • 45
달래나물겉절이 • 95
돌나물겉절이 • 95
돌산갓김치 • 63
동치미 • 31

동치미말이국수 • 127
매실무말이김치 • 111
배추겉절이 • 83
백김치 • 37
보쌈김치 • 35
부추김치 • 65
삼색 무초절임 • 97
상추겉절이 • 93
생강초절임 • 99
수삼김치 • 119
순무김치 • 39
양배추김치 • 69
양파김치 • 115
얼갈이배추김치 • 43
연근김치 • 113
연근초절임 • 99
열무김치 • 41
열무오이물김치 • 47
영양부추겉절이 • 91

오미자물김치 • 109
오이소박이 • 29
오이피클 • 85
우엉김치 • 117
장김치 • 71
중국식 오이김치 • 89
참나물겉절이 • 87
참치김치찌개 • 128
총각김치 • 27
취나물김치 • 121
콩잎김치 • 75
통도라지김치 • 119
통배추김치 • 25
파김치 • 55
풋고추물김치 • 61
해물섞박지 • 57
호박김치 • 67

발효 맛 김치 담그기

2004년 2월 15일 1판 1쇄
2006년 1월 15일 1판 2쇄
2011년 4월 10일 2판 1쇄
2021년 1월 10일 3판 1쇄

저자 : 박숙주 · 박지형
펴낸이 : 남상호

펴낸곳 : 도서출판 예신
www.yesin.co.kr

04317 서울시 용산구 효창원로 64길 6
대표전화 : 704-4233, 팩스 : 335-1986
등록번호 : 제3-01365호(2002.4.18)

값 14,000원

ISBN : 978-89-5649-174-5

* 이 책에 실린 글이나 사진은 문서에 의한 출판사의
동의 없이 무단 전재 · 복제를 금합니다.